策劃／國立臺灣大學生命教育研發育成中心

社團法人台灣生命教育學會

召集人／傅皓政（臺灣大學共同教育中心兼任教授）

主編／翁育玲

思考：智慧的啟航

思維進化27堂課

思維進化，
讓人生豁然開朗

傅皓政（中國文化大學哲學系教授暨臺灣大學共同教育中心兼任教授）

　　《思維進化27堂課》是由一群長期投入生命教育的中學教師們合力創作，讓我感到很榮幸的是，有機會在這本書的成書過程中，參與這些中學教師們的聚會與討論。也是這樣的因緣，讓我親身體會這群教師們如何實踐生命教育，每每聽著教師們分享上課後學生的轉變，都讓人有著莫名的敬意，雖然他們很少被看見，但心中念茲在茲的都是學生，這樣的無私精神，真令人敬佩不已。

　　在教育部頒布的《十二年國民基本教育課程綱要：綜合活動領域》中，對於國家的教育政策與以往的方向有著非常巨大的轉變。首先，在《十二年國民基本教育課程綱要：總綱》中，明確的揭示國家教育除了重視「人才」的培育之外，更應該重視

「人」的培育，成為一個具備「自發」、「互動」、「共好」的終身學習者，也就是全人教育的精神。其次，生命教育課程改為普通型高中必修1學分的課程，也就是高中生在就讀高中期間，至少會有1學期的時間，由教師帶領學生們思考生命的各項課題。除了必修1學分的課程之外，生命教育課程課綱研修小組也研擬了生命教育科加深加廣課程，也就是選修2學分的〈思考：智慧的啟航〉這門課程。這本書的目標就是讓教師們進一步了解這門選修課程的學習重點，以及帶領學生精進思考的素材，讓同學們能夠深化良好的思考素養，面對自己的生命課題。

《思維進化27堂課》的編排是依據綜合活動領域生命教育加深加廣課程〈思考：智慧的啟航〉撰寫而成，前3堂課的目標在於啟發同學了解思考的重要性，我們每個人的人生都一直在面臨各項選擇，就連坐在課堂上要不要認真聽課，也是自己的選擇，如果說這些選擇主宰了自己的人生，那麼如何選擇不就是最重要的事了嗎？從第4到第9堂課則是闡述會思考和正確思考其實完全是兩回事，身為人類沒有人會覺得自己不會思考，可是你是否有時候會發現自己或別人「想岔了」呢？是的，這種覺得自己或別人想岔了的想法，正是因為你了解正確思考和會思考其實是不一

樣的，更別說有些人經常會因為成見、偏見或者推理上的謬誤，而把沒有道理的觀點說得頭頭是道。

　　第10到第15堂課則是澄清事實和價值之間的關係，在媒體發達的今日社會中，如何辨識媒體傳遞的訊息，成為學生們很重要的媒體識讀素養，因為很多傳遞事實的方式都可能會有偏頗，所以孟子就說過：「盡信書，則不如無書」，或者像「片面之詞」這類的說法，在在都顯示我們在獲取事實真相時可能會遇到的困境。除此之外，許多人經常因為混淆事實與價值觀而造成不必要的衝突，甚至導致感情破裂而終生遺憾，很有可能是因為不曾認真思考這些生命課題的緣故；如果能夠仔細的體會對方的用心，說不定很多意氣之爭或表面衝突就可以消弭於無形。

　　第16到第21堂課則是談論邏輯推理，在日常生活中我們常聽到很多人陷入爭執的時候，總是認為自己有道理而別人沒有道理，可是爭來爭去常常沒有結果，所以在爭執過後大家都覺得自己委屈了。那麼在思考上，我們有沒有一些可以用來談論道理的準則或原理呢？邏輯學的發展正是呼應人們這部分的需求，把我們日常生活的想法與推論，轉換成形式上的推論規則加以研究，看看究竟哪些推論是合理的？而哪些推論又是不合理的？

第22到第27堂課的目標是整合學習，並以個人生活與公共議題理解自己是否具備良好的思考的情意與態度，從與個人最切身的親情、愛情、友情等生命課題出發，反思自己與他人的關係。事實上，人際關係是生活品質的重要元素，只要想想你在什麼時候會充滿幸福感，就不難發現必定是在有強烈情感支持的情況下；長期的孤獨與無助則會使人充滿挫折感。而環境永續、公平正義以及科技AI的挑戰，都是人類面臨的新挑戰，相信透過本書的啟發，教師們可以和同學們深入的檢視自己，進而影響他人。最後，我要再次肯定這群中學教師們的貢獻，也誠摯的希望藉由這本書的出版，能夠幫助學生們扎下生命教育中思考素養的根基，並且在生命歷程中發光發熱，成為一個終身具備學習熱情的學習者！

揚起船帆，智慧啟航

翁育玲（國立基隆女子高級中學教師）

　　從事教職多年，同事間經常提及學生在學習上的問題就是「懶得思考」，只要老師告知答案即可。而世界經濟論壇 (World Economic Forum) 在〈2020 未來工作報告〉中提出，未來 2025 年最重要的工作技能，前十名包括：分析思維、複雜問題的解決能力、批判性思考、創意與原創性、正面思考、抗壓性與彈性、推理等。上述能力都與「思考」相關，顯見「學習思考」是件刻不容緩的重要能力。

　　適逢十二年國教之推行，在各領域領綱中增加了部定選修「加深加廣課程」，而生命教育科是以「思考：智慧的啟航」做為加深加廣課程，提供系統化的思考方法與技能，強調思考情意與態度的培養，正是一門培養學生「思考能力」之課程。雖然，普通型高中生命教育學科中心已於 109 年研發錄製「思考：智慧的啟航」線上課程，並依據學習重點設

計每一單元之教學示例，以提供全國教師使用。但是目前尚缺少一本依據領綱學習重點、內容淺顯易懂且貼近學生生活之相關書籍。因此，開啟了本書之規劃與編寫歷程。

首先，感謝臺灣大學生命教育研發育成中心與台灣生命教育學會對生命教育的推動與支持，願意在生命教育園地持續播種，透過書籍傳遞「思考：智慧的啟航」的內涵，讓更多人了解此課程。其次，感謝一同撰寫的好夥伴：胡敏華老師、錢雅婷老師、范毓麟老師、吳瑞玲老師及顏映帆老師，每次相聚都是從晨曦到黃昏，甚至有幾次直到星月相伴才結束。歷經一年的討論與編寫，過程雖然辛苦，卻讓人充滿能量，至盼本書能貼近學生的需求。最末，感謝本書的靈魂人物——傅皓政教授。當我們卡關時，教授的細心解說，頓時為我們打通任督二脈；當我們挫折時，教授的溫暖鼓勵與從旁協助，讓我們有持續編寫的動力；在教授的指導下，讓本書更臻完善。

如果您是青少年，可以將本書當成自學或延伸閱讀書籍；如果您是生命教育科老師，可以將本書當成備課資料；如果您是高中學生家長，可以試著了解學生在學些什麼；如果您是大學教授，可以知道加深加廣課程「思考：智慧的啟航」在教些什麼；如果您想「學習思考」，可以跟著本書實作練習。

本書經長時間籌備、多次校對修正，恐仍有疏漏、不周延之處，希望讀者不吝指教，提供意見與指正。

歡迎每位讀者以本書揚起船帆，以思考為極星，引領前行浩瀚智慧之海。

智慧小劇場出場人物

敏敏　　瑞瑞　　玲玲　　婷婷　　范范

目錄

Part3 我們離真相有多遠？

Part4 江湖在走，邏輯有沒有？

Part5 你心中有我嗎？

我思故我在，那你在嗎？

Lesson 1
腦子長草怎麼辦？

🎬 智慧小劇場

在生活中，總會遇到許多事情需要思考，但我們常選擇不去思考，或是等待別人替我們做決定，結果事後才在抱怨，這樣不但無法解決問題，也傷了同學間的和氣。我們不妨想一想，生活中還有哪些事情因為我們選擇不思考、不表達，而帶來困擾呢？

用思考掌握人生

人生就是一連串的選擇！

每天一睜開眼睛，就得面對一連串的抉擇，從三餐要吃什麼、如何穿搭、換什麼髮型、買什麼新手機……面對一連串的選擇，我們有先想好再行動嗎？如果真的選錯了，對我們的生活會有什麼影響呢？

上述這些事情都是生活中的小事，即使選錯了，也不至於造成太大的影響。但人生中有些重大決定，像是唸哪所學校、找什麼工作、要不要結婚……如果選錯了，就會付出比較大的代價。

此外，對於人生中無可避免的重大課題，例如：疾病、離別、死亡等，我們要用什麼態度去面對，好像無法在短時間內就

能找到答案。假如我們能在選擇之前多花一些時間好好思考，相信就能掌握自己人生的方向，也就能坦然的接受任何結果。由此可見，思考素養與幸福人生是息息相關的。

舉個簡單的例子來說，相信很多人都曾在夢想與現實之間掙扎過，心裡總是猶豫著自己應該堅持追求夢想呢？還是應該要和現實妥協呢？在天人交戰之後，有些人會堅持原來的想法，也有些人選擇改變想法。但是，究竟哪個才是對的呢？從經驗上來看，有些人因為堅持追求夢想而達到人生巔峰，但也有些人因夢想破滅而潦倒；有些人因為認清現實而平順的過一生，但也有些人與現實妥協而抱憾終生。顯然，這個世上沒有適用於每個人的標準答案。又或者，有些人很看重朋友，所以會無條件的把「義氣」放在第一位，只要與朋友有關的事，都不假思索、義無反顧的兩肋插刀，甚至因此觸法。透過這些例子，讓我們更加明白思考對於生活的重要性。

👓 覺察思考的盲點

思考素養的重要性不但呈現在個人的生活上，也會影響人與人之間的關係。很多人會為了自己的人際關係感到苦惱，其中最關鍵之處，就是在於不知道如何調解別人與自己的想法差異。有

時候我們會對於別人忽視事實、扭曲事實而感到忿忿不平；有時會因為身分地位的不對等，而感到無可奈何，難以違抗；甚至有些人會對別人進行情緒勒索，堅持用自己的方式才是對的。

　　事實上，很多人在遭遇這樣的狀況時，都會希望對方能夠瞭解自己，因為我們相信當對方理解自己時，就不會繼續做出錯誤的決定。但是有沒有可能，其實自己的思考也是有盲點？當彼此都能意識到自己思考不足而願意回頭檢視自己時，才有可能營造出良好的互動關係。所以，思考不只是要會思考，還要能正確思考，才能夠好好處理生活中的大小事。

燒腦時間

　　下方是臺灣網友2020年在Google上搜尋的關鍵詞／句出現的熱搜度排名。

2020年快速竄升議題

1 美國總統大選
2 新冠肺炎
3 威力彩開獎
4 口罩預購
5 臺灣總統選舉
6 日環食
7 法國網球公開賽
8 鑽石公主群聚感染事件
9 安心旅遊補助
10 勞工紓困貸款

1.就上頁中所呈現的關鍵詞／句熱搜排名，你會怎麼解讀？

2.如果要認識某些議題，你會思考用什麼關鍵詞／句，才能找到
你要的資料？

排行榜名次 ≠ 民眾關心度

關鍵詞／句的搜尋，與我們思考的方向有關。當我們對某些問題感到好奇時，會藉由網路搜尋相關資訊，但只是停留在理解有哪些熱門話題就夠了嗎？

從這些熱搜的關鍵詞／句發現，臺灣民眾對於「美國總統大選」的關心度竟高於「臺灣總統選舉」，甚至關心度還勝過新冠肺炎疫情！

可是，只要仔細想想，就會發現事實不是如此。與新冠肺炎疫情相關的關鍵詞／句，包含「口罩預購」、「安心旅遊補助」、「勞工紓困貸款」，反映民眾最關心的還是疫情，以及其對生活的影響。可見我們不能只在意排行榜的關鍵詞／句，而是需要進一步掌握該議題的相關事實與背景，才能做出適切的判斷與理解。

Lesson 2
有在想就好嗎?

🎞 智慧小劇場

范范因為看到這間飲料店有很多人在排隊，就推論這間店的飲料一定很好喝。但其實飲料是否好喝，需要進一步的求證，而非人云亦云。可見「有在想」，不一定就表示「想得正確」，應該對自己的思考進行檢視與反思。

解碼正確思考

每個人都覺得自己有在思考，事實上也真的「會思考」。不過，很少人會認真的區分「會思考」與「正確思考」的差別！

想要理解這兩者的區別，其實並不困難。舉例來說，有些人以為自己能完全理解好朋友在想什麼，所以常常為好朋友做決定，認為這種默契與經驗就是友誼的表現，覺得這是經過「思考」後的決定。

其實，這些人可能從未求證過「好友是不是喜歡這種被決定的感覺？」也從未檢視過「自己是不是真的適合與對方當朋友？」當與朋友有意見上的衝突，兩人漸行漸遠之後，才發現自己可能並不了解朋友。

這時，我們才開始正視自己是否也有思考上的疏漏。覺察到自己的思考出現問題，才會意識到自己的思考不一定是對的——這正是「正確思考」的起步。了解這些思考的問題，並進一步解決所產生的問題，這對我們來說是非常重要的。任何人只要忽視思考上的問題，都很容易重蹈覆轍，讓自己的生活陷入困境。

思考自己的思考

雖然很多人都有覺察到自己思考出現問題的經驗，但是卻很少有人對「思考」做進一步反思，也就是去理解、檢視自己的思考出了什麼問題？應該如何改進？只要回想一下，我們在生活歷程中什麼時候會對自己說：「我怎麼會這麼想？」或者「我怎麼會這麼做？」這樣的想法其實就是對自己的思考進行反思。

同樣情況也會出現在我們對其他人的觀察，當我們質疑別人：「你怎麼會這麼想？」或者「你怎麼會這麼做？」的時候，其實就是在提醒別人注意思考上出現了某些問題。甚至有時候我們會請對方再多想想，一方面除了希望對方再把事情的前因後果仔細梳理清楚，另一方面也是在提醒對方應該冷靜下來，不要被情緒帶著走，好好的對話。這也意味著我們會預設一般人在冷靜的時候較能夠理性思考，也才能好好聆聽與反思。

👓 正確思考的祕笈

「正確思考」，才能讓自己在面臨人生重大抉擇的時候不慌不亂，做出最好的選擇。那我們要如何學會「正確思考」呢？

1.覺察自己犯了錯，並理解錯誤在哪裡

相信每個人都親身經驗過，或聽過別人曾有「悔不當初」的經驗，當我們表示後悔的時候，同時也表達出知道自己做出錯誤的抉擇，這也意謂著開始想要了解自己的思考過程究竟出了什麼問題，才會導致這些不想要的結果出現。

西方哲學家法蘭西斯‧培根說：「相較於困惑，真理較容易從錯誤中浮現。」培根所說的「困惑」，就是指無法理解自己所犯的錯誤，甚至耽溺在錯誤之中而不自知，這樣的情況當然不容易得到真理，也無法知道什麼是正確的。

如果一個人可以覺察到自己做出錯誤的抉擇，並且能夠明白的說出自己錯在哪裡，就表示他開啟正確思考的歷程。因此，所謂「正確思考」的基礎，就是要先能夠承認自己犯錯，並且理解錯誤在哪裡！

2.審慎的辨識與傳遞訊息

在網路發達而訊息快速傳播的現代社會中，能「正確思考」很重要。

有時，我們會因為太過衝動，沒有經過充分思考，就將一些可能造成別人誤解的訊息發送出去，事後當自己感到後悔想要收回時，卻發現為時已晚，那些訊息可能早已被記錄下來，而且對彼此都造成了傷害。

在社群中，經常見到許多人未經充分思考就隨意轉發的各種新聞或訊息，如果這些被隨意轉發的是假消息，不但可能造成別人的損失與困擾，也顯得自己沒有足夠的求真精神。

面對假訊息滿天飛的科技時代，我們不但要有辨識訊息的能力，在傳遞訊息時，也應該保持審慎的態度。

3.檢視自我的人生觀

大部分的人都有自己的處事原則，也會在親情、友情、愛情等各種關係中堅持自己的「界線」，並要求對方不得越界。不管是處事原則也好，或者是自己所堅持的界線也好，所反映出來的，就是自己的人生觀，這也往往是自己選擇行動時，最重要的依據。

既然人生觀在自己的行為以及與他人的關係之間，扮演著如此重要的角色，如何檢視自己的人生觀就顯得相當重要，自己的人生觀是否合宜，或者是否適用其他人等，都是應該好好思考的課題。

🧠 燒腦時間

考試時，你的好朋友坐在你隔壁，他小小聲對你說：「答案給我看一下。」

1.考試當下，你會如何思考與回應？

....

....

....

....

2.承上題，你覺得上述你自己的回答是屬於「會思考」？還是「正確思考」？為什麼？

....

....

....

....

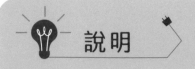

會思考VS.正確思考

　　當你遇到這種情境時，你只會衡量當下的利害關係？還是會把時間軸拉長來思考這件事要怎麼做會比較好？

　　其實在思考的歷程中，不能只是「會思考」，更需要的是「正確思考」，例如：我更看重的價值是友誼？公平？還是誠信？才能做出較佳的抉擇。

Lesson 3

理直一定要氣壯?

✪ 智慧小劇場

👓 信者為真或真理唯信

　　很多人會誤將自己的信念當成真理，誤以為自己所相信的就是真理。所謂的「理直氣壯」，正是形容一個人認為自己掌握真理之後，認定其他人都應該遵從他的說法。

　　不幸的是，正是因為這樣的態度，很容易使自己和他人產生嫌隙而無法溝通。因此，時時檢視自己的信念是否符合真理就顯得相當重要。

　　當我們面對「假新聞」而疏於求證，並且信以為真時，就會造成許多困擾和社會亂象。比如說，當網路訊息瘋傳因製造口罩而造成衛生紙的原物料短缺，很多人的第一個反應是先搶購衛生紙，卻從未仔細思考訊息的真假。

可想而知，如果我們都沒有正確思考的能力，看到網路訊息就不假思索的相信，那麼只要有人不懷好意，刻意製造一些假訊息，便會造成社會亂象。

👓 知道或相信

前人常說：「知識其實就是通往真理的道路。」培根也說：「知識就是力量。」指的就是知識可以讓我們認識真理，而「信念」和真正的「知識」是不同的，也就是說，當某個人說：「我知道……」的時候，其實就是在說：「……是真的」。正由於知識連結著真理，使得很多人會錯將自己的信念誤為知識，覺得自己掌握了真理。

但是，要怎麼區分自己所掌握的是「信念」還是「真正的知識」呢？

其實這個問題並不難。設想在某一場考試過後，你和同學討論某題的答案，這時你的同學說：「我知道答案是A」和「我相信答案是A」有沒有差別呢？如果是前者的話，我們會覺得答案真的是A；如果是後者的話，我們會覺得可能只是同學的猜測，答案是否為A仍有待商榷。

「知識」與「信念」的區分正如上述的例子，除非自己有一定的把握澄清事實與真理，掌握到「知識」，否則對自己所相信的「信念」保有檢視與討論的空間是非常重要的，也應該避免過於武斷的認為自己的想法一定是對的，或者就是唯一真理。

👓 別被情感牽著走

　　除了混淆「信念」和「知識」的差異而產生的麻煩之外，情感也是經常影響我們判斷的因素之一。

　　我們常聽到很多父母在面對孩子犯錯時，強調自己的孩子很乖，其中一定有什麼誤會；假如犯錯了，也一定是被別人帶壞。

　　從思考素養的角度來看，也許父母的判斷可能是錯的，因為父母徇私且在沒有了解事情的來龍去脈就驟下判斷；不過，若太過武斷的去否定父母的判斷，這樣的態度也是需要調整的，因為我們可能不像父母那樣熟悉孩子的身心特徵或成長背景，不知道他這麼做的真正原因是什麼，而誤會了孩子。

　　可見在思考素養中，培養適當的情意與態度是非常重要的，我們要能意識到情感對於思考的影響，保有公正的態度、開放的心胸，同時還能避免過於武斷，才能做出最適切的判斷。

燒腦時間

1.下列哪些是你容易會有的反應？請在框框裡打勾。

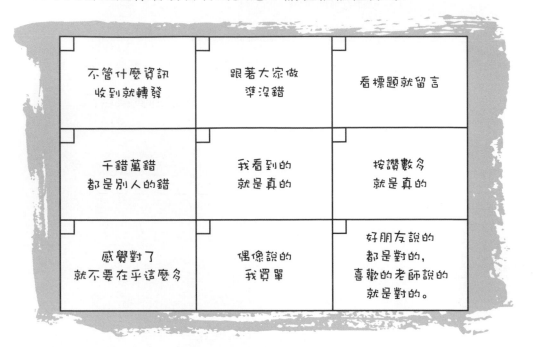

不管什麼資訊收到就轉發

跟著大家做準沒錯

看標題就留言

千錯萬錯都是別人的錯

我看到的就是真的

按讚數多就是真的

感覺對了就不要在乎這麼多

偶像說的我買單

好朋友說的都是對的，喜歡的老師說的就是對的。

2.除了以上描述，還有哪些是自己或別人常有的思考習慣？

....

....

....

....

....

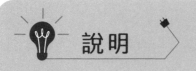

覺察自我思考的阻礙

　　上述的思考習慣常會阻礙我們的思考與溝通，唯有時常偵測自己思考是否有所不足，敏銳的覺察自己的問題，才能具備好的思考素養。

我思故我在，那你在嗎？

　　了解了思考的重要及如何正確思考；當我們需要做決定時，周遭的人或環境是否會影響我們的判斷？

　　2021年3月，有一跨國迴轉壽司連鎖店在臺推出優惠活動，只要姓名讀音與「鮭魚」兩字相同者，可享有五折、九折的優惠；如有與「鮭魚」同音同字者，則可免費用餐。沒想到至活動結束為止，共有305人相繼以「鮭魚」兩字至戶政機關辦理改名。而這個活動經媒體報導後，也引起了諸多的討論。

1. 下方是有關此行銷活動所衍生的新聞事件提問，你的想法為何？

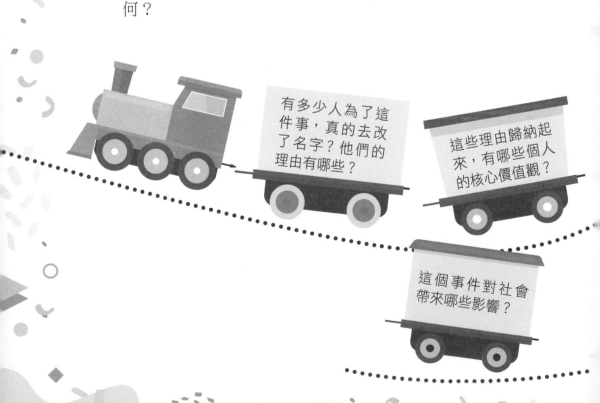

有多少人為了這件事，真的去改了名字？他們的理由有哪些？

這些理由歸納起來，有哪些個人的核心價值觀？

這個事件對社會帶來哪些影響？

2. 透過下方的提問與思考後，你對於該事件的想法與先前的
   認知有何差異？

....

....

....

....

....

....

我認同 / 不認同
的價值有哪些？
為什麼？

我自己會為了
這件事而改名
嗎？為什麼？

這個事件讓我聯
想到哪些值得思
考的問題？

有沒有哪些因素，
阻礙我去理解這件
事？

還有哪些方法可
以讓我更了解這
件事的全貌？

思維進化ing

　　一輛火車只要有一節車廂脫軌，就會發生災難，我們對於真相的理解也是如此。我們可以用謙卑、開放的態度，嘗試從多元的面向進行謹慎的探究與合理的推論，來幫助我們更趨近真相。

　　對每個想要過著幸福生活的人而言，具備有良好的思考素養是非常重要的。本單元就是要強調思考的重要性，首先，懂得思考與人有著密不可分的關係，正確的選擇通常會帶來比較幸福且快樂的人生，錯誤的選擇則常伴隨著許多痛苦與煎熬，如何在人生的重大抉擇中做出正確的選擇，就有賴於良好的思考素養。

　　良好的思考素養有兩個基本面向：一是要了解會思考和學會正確思考是兩回事，每個人都覺得自己會思考，但是大部分的人缺乏判斷自己或他人的思考是否正確的能力。二則是思考的情意與態度，除了正確思考之外，我們也不能忘記人都有感性的層面，如何能夠以最適當的方式表達自己的觀點，是非常重要的思考素養。

身分證

姓名　蔡鮭魚

出生年月日　民國85年4月1日

發證日期　民國110年3月18日(新北市)

你知道自己在鬼打牆嗎？

Lesson 4

硬幣有幾面？

🎞 智慧小劇場

皓皓解說臺

范范之所以會認為是「正面」，是因為既然前面10次都出現正面，他的直覺就認為下一次出現正面的機率比較大。其實，從機率來說，每一次擲出正面與反面的機率都是50%，所以出現正面的機率並不會比較大。

我們在進行判斷時，很多時候會依靠直覺，有些人甚至將自己的直覺稱為第六感，這是除了眼、耳、鼻、舌、觸五種感官之外，另一種特別的感官判斷方式。相信很多人都有這樣的經驗，身邊也不乏聽到有人會宣稱他們的直覺很準，而且常常以第六感來當作生活中的直覺判斷。

我是鐵口直斷

有時候我們的直覺會剛好與事實相符，當這樣的結果一出現，自然就會讓我們對自己的直覺判斷充滿信心，很多人會根據這樣的結果，推論自己的直覺一定是對的。

不過，這樣的結論其實並不可靠，因為即使有些時候自己的直覺判斷是對的，但並不保證自己所有的直覺判斷都是對的。可是，多數人不容易察覺這個思考上可能出現的陷阱，因為多數人

只記得自己直覺判斷準確的部分，而忘掉不準確的部分，所以就會認為自己是對的。也因為記得的都是判斷準確無誤的部分，我們才會經常聽到有些人吹噓自己的直覺很準確。

👓 有依據還是瞎矇的？

我們什麼時候會依靠直覺而進行判斷呢？通常是在證據不明顯的狀況下，不得已要依靠直覺做出猜測判斷。

然而，既然是用猜測進行判斷，當然就會有機率的問題。也就是說，有時候我們會猜對，但有時候也不免猜錯，例如：在本單元的智慧小劇場中，玲玲擲第11次銅板時，其實正、反面的機率都是50%，但是因為前10次都是正面的緣故，讓范范認為直覺上應該正面的可能性比較大。我們不難想像，如果玲玲第11次丟擲銅板真的出現正面，那對范范來講，他就會認為自己的直覺真的很準。

這就是人們總是常常強調自己猜對的部分，並津津樂道的理由。可是，如果范范猜錯了呢？范范應該不會一直強調自己會出錯這件事。正因為大部分的人對於自己猜錯的直覺幾乎絕口不提，又對自己直覺準確的部分不斷的重複強調，這就很容易讓自己產生一個假象，認為自己依據直覺進行的判斷很準。

👓 直覺判斷的限制

覺得自己直覺很準的人，常常認為自己的判斷不會出錯，所以比較容易形成各式各樣的偏見而不自知。

很多人在解釋其他人的行為時，既有的成見或偏見都會讓自己看不見真正的事實，《呂氏春秋·亡鈇意鄰》的故事正是最佳寫照。許多人喜歡在與別人溝通的過程中，貶抑和自己不同的想法，就如同我們常會聽到有些人習慣說：「你相信我，我的直覺很準，這件事一定是這樣的！你不用想太多，想太多都是多餘的。」對這樣的人而言，很難真正傾聽或公正的對待其他人的想法，而這些都是直覺判斷過於自信可能帶來的不良後果。

因此，檢視自己與他人如何依據直覺進行判斷，不但可以了解自己與他人的思考習慣與脈絡，理解許多人堅持直覺可能造成的問題，也可以避免因過分執著於自己的直覺判斷，而對別人造成不必要的壓力。

⑨ 燒腦時間

1. 下方圖示，你看到了幾個圓形？

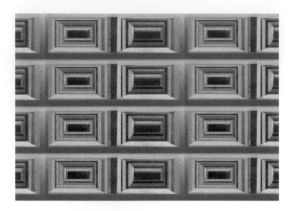

圖片提供：MAX

2. 下方兩圖中，中央的圓形哪個比較大？

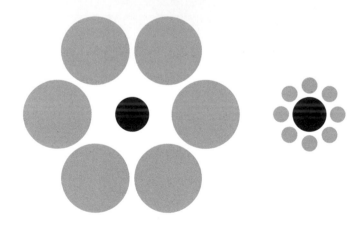

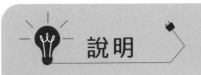
危險的直覺判斷

　　第一個圖共有16個圓形，第二個圖中央的圓形一樣大。你有不小心被誤導嗎？

　　經由感官上所接收的訊息，可能會影響我們的判斷，尤其是在直覺判斷時，會讓我們很快速的僅就有限的資訊做出判斷，然而此判斷不一定是真的。

Lesson 5
所有的○○都是ⅩⅩ

◉ 智慧小劇場

皓皓解說臺

　　對話中有兩個地方呈現出刻板印象，一是來自花蓮就是原住民，二是原住民很會唱歌。她們之所以會有這些觀點，主要是來自於生活經驗的認知。但是，這些認知未必是對的，只是一種經驗的呈現。

　　來自花蓮的朋友大多是原住民，但我們不能說住在花蓮的人都是原住民，只能說可能性較高。同理，原住民的歌聲也許有其天賦，但並非人人都是如此。

　　我們對於事件的判斷，除了來自直覺，也來自思考方式與生活經驗的認知，但是每個人的生活經驗與認知範疇都有其局限性；在有局限的資訊之下，所呈現的認知未必是對的，甚至連自己也察覺不到，這時便可能出現刻板印象、偏見與歧視等現象。

刻板印象

　　由於很多人過於相信自己的信念，且沒有充分的了解與查證，所以漸漸的對某些群體會形成一些固定的觀點，這些觀點一般稱為「刻板印象」。

舉例來說性別的刻板印象：「女生比較適合念社會組」，或者對於族群的刻板印象：「法國人都很浪漫」，或是看到高頭大馬有紋身的壯漢，就會聯想到黑社會分子等等。

👓 偏見

　　當這些刻板印象呈現對某個群體抱有負面想法時，其實就是所謂的「偏見」。

　　如果我們仔細觀察，就會發現很多偏見都出現在日常的語言表述中，例如：來自東南亞的移工經常被冠以「外勞」的稱呼，但對於在學校或美語補習班授課的外籍老師卻鮮少被冠以這樣的稱呼。或者，像來自亞洲的配偶常被稱為「越配」、「陸配」等等，但不會有人稱呼來自美國的配偶為「美配」，或是稱呼來自法國的配偶為「法配」。

　　這些我們習以為常的語言，可能表現出我們對不同群體之間的差別對待；這些差別對待，久而久之就會產生對某些群體的偏見，甚至有可能因為這些稱呼或說法由來已久，使得我們認為使用這些說法或稱呼並沒有什麼不對，這就是影響我們「正確思考」或「有智慧的思考」的陷阱。

我們要避免這樣的思考陷阱，應該從自我覺察開始：想想我們平常對什麼樣的群體會有不一樣的看法？這些看法是有依據的歸納整理？還是只是聽信傳言、猜測所得到的刻板印象？甚至是偏見呢？

👓 歧視

為什麼要覺察自己可能有的偏見呢？因為偏見的危險在於可能進一步產生歧視或攻擊的行為，這些行為會導致自己或其他人受到傷害。

舉例來說，在美國社會中一直存在著種族歧視的問題，像是馬丁‧路德‧金恩（Martin Luther King, Jr.）為黑人爭取民權，最後竟不幸遇刺身亡。直到今日，美國社會仍發生像喬治‧帕里‧佛洛伊德（George Perry Floyd）被警察壓制窒息身亡的事件，很多美國人將這起事件的源頭都歸諸於種族歧視的問題，就是提醒我們偏見與歧視可能帶來的危險與傷害。

🧠 燒腦時間

　　請閉上眼睛，想想自己對男生和女生分別有哪些印象？而這些印象的訊息從何而來呢？

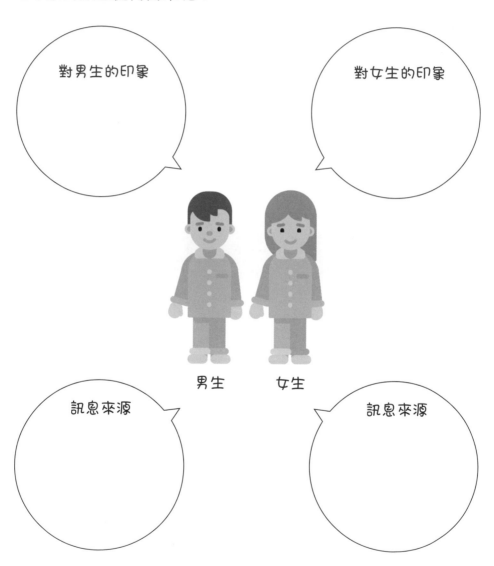

對男生的印象

對女生的印象

男生　　女生

訊息來源

訊息來源

1.這些訊息來源可靠嗎？理由為何？

2.從上題描述中，自己有何發現？哪些是刻板印象或偏見？會如
  何影響自己的生活？

從刻板印象到歧視

　　檢視自己對男生和女生的印象，是否帶有些許的刻板印象？刻板印象容易形成偏見和歧視，常會帶來危險或是造成憾事，以下針對「刻板印象」、「偏見」、「歧視」做進一步說明。

刻板印象(認知成分)：

　　針對某一性別的印象，但是這些印象不一定是正確的，也無法套用到該性別的所有人。廣義來看，刻板印象是針對特定族群的基模，不一定帶有情緒，也不一定會產生歧視行為。

偏見(情感成分)：

　　針對特定群體所抱持的負面想法，甚至因為偏頗的觀點而對事物產生敵意。

歧視(行為成分)：

　　僅因對該群體的偏見與敵意，便對其做出不公正或傷害的行為。

Lesson 6

原來真的有道牆

🎞 智慧小劇場

皓皓解說臺

　　由於北門水晶教堂是白色的，所以當我們戴上有色的太陽眼鏡時，會受到鏡片顏色的影響，看到不同顏色的教堂。此時，自己若沒有察覺，各自站在自以為「對」的立場去闡述，便容易造成彼此的誤解。

　　讓我們反思一下，形成這些印象的來源究竟是什麼？仔細想想，其實不難發現各式各樣的傳播媒介對我們形成這些既定印象的影響不容小覷。

　　我們原本是想透過傳播媒介知道這個世界究竟發生了什麼事，但是，我們曾思考過自己所接收到的資訊是真的嗎？是完整的嗎？是經過篩選的嗎？這都會影響到我們對於事件的判斷。

偵察資訊脈絡

　　很多人在接受這些訊息的時候，其實是處在思考完全不設防的情況下，正因為如此，很多人都會直接相信報導就是真實的反映了事實，這可以從日常對話中發現，像是我們常常會聽見這樣的話：「新聞或某某節目這樣說。」然後用這句話來證明自己的

想法是對的。舉例來說，當我們想要找一家餐廳聚餐時，不少人會先上網查詢餐廳的評價，但這些評價是真的嗎？還是有利益相關的人所寫的業配文呢？

如果沒有更多或更客觀的證據，其實我們很難從資訊本身分辨出來，這也就是為什麼很多人看到餐廳的推文之後，實際到餐廳消費時，卻發現並不如推文中敘述的那麼美味。

👓 跨出同溫層

很多人往往只是從傳播媒介上得到訊息，卻煞有介事的向親友們陳述這些報導，彷彿一切都是親眼所見。

其實在接受這些報導之前，需要思考許多面向，例如：報導是否會有既定立場的問題？如果長期接收固定資訊來源的情況下，我們可能就會受到既定立場影響而不自知，或是已經建立起某種意識形態而沒有察覺，不但會排斥吸收不同的資訊來源，也會否定與自己不同立場的人，甚至還以為自己是客觀公正的。

俗話說的好：「酒逢知己千杯少，話不投機半句多。」既然說話要投機，當然就會在選擇朋友的時候，選擇與自己觀點相同的朋友，這就是很多人會落入「同溫層效應」的緣故。久而久之，不但愈來愈難覺察自己的偏見，也會離真理愈來愈遠。

👓 摘下有色眼鏡

偏見就像是戴著有色眼鏡一樣,不僅影響我們看待事物的眼光與角度,也會影響我們的抉擇與判斷。

在日常生活中,我們應該要保持開放的心態,試著多詢問他人的意見,或是多方蒐集不同的資訊來驗證自己的判斷,以檢視自己是否落入偏見而不自知。

🧠 燒腦時間

在電影《幸福綠皮書》中,黑人音樂家Shirley受邀為白人表演,卻仍無法在演奏會場的餐廳用餐。眾人欣賞他的才華,卻歧視他的黑人身分;有趣的是,白人司機Tony卻為黑人音樂家工作。這些矛盾之

電影《幸福綠皮書》預告

處,正是因為長久以來的種族刻板印象與偏見,也使得當代人陷入思考的陷阱與偏頗之中,且渾然不覺。

請問在預告片中,哪些對話呈現了刻板印象,甚至有偏見或歧視行為?

無形的高牆

　　《幸福綠皮書》預告片中，哪些對話具有「刻板印象」？「偏見」？「歧視」？說明如下。

1.刻板印象：

　　「黑人明明最愛炸雞」，當我們只透過自己有限的經驗，或是以訛傳訛的說法，沒有充分的了解與查證，就對某些群體（例如：不同種族、不同文化的人）形成特定的觀點（例如：都愛吃炸雞），這些觀點就是刻板印象。

　　這些刻板印象通常不一定是事實，且會造成我們之間的隔閡，阻礙我們真實而深入的互動，甚至若是負面的刻板印象，更有可能形成偏見，產生歧視的行為與言論。

2.偏見：

　　偏見是對特定族群或團體的人有負面想法。影片中，黑人音樂家Shirley因為種族偏見，擔心白人司機

Tony為黑人工作會不會有什麼問題；而白人司機Tony
質疑身處上流社會的黑人音樂家Shirley，都只是為有
錢人彈琴而不知人間疾苦，這也是一種因著「階級偏
見」而來的想法。

3.歧視行為

　　黑人音樂家Shirley受邀為白人演奏，卻因為種
族隔離政策而無法進入餐廳用餐，這些政策與歧視
行為，正是因為種族偏見而產生。對於黑人音樂家
Shirley來說，是一種人格上的嚴重傷害。

　　黑人音樂家Shirley面對歧視產生了自我認同的危
機感。平時，白人不接受他，因為他是個黑人。當他
以音樂家的身分為有錢人演奏時，黑人又不接受他，
他吶喊說：「如果我不夠黑又不夠白，那我到底算什
麼？」

Lesson 7

我只聽我想聽的

智慧小劇場

皓皓解說臺

花生屬於六大類營養素中的油脂與堅果種子類，能提供身體所需的相關營養素，例如：不飽和脂肪酸、維生素Ｂ群、維生素Ｅ和礦物質（如，鋅、鎂……等），能預防心血管等慢性疾病，但是每天僅能吃一湯匙（約15克），若是將它當成零食食用，容易攝取過量而導致肥胖。

店員為了要販售商品，僅選擇有利的證據來呈現給范范看，將不利的證據隱藏或忽略，以增加其說服力，這是生活中常見的行銷手法，若沒有察覺，將落入驗證性的謬誤之中。

我們每天都在和別人談論發生在自己身邊或世界上的大小事情，在談論這些事情的時候，有些人會表達自己的看法，有些人則是隱藏自己的主張，而有些人是真的沒有任何想法，甚至有些人會用漠不關心的態度面對。但不管對於任何事情是否有特定的立場，具備良好的思考素養都是很重要的。

👓 小心立場先行

有些人認為自己對某件事沒有任何立場，可能就會輕率的批評別人採取某個立場的觀點，或者會認為說再多也無益，這些想法都會讓自己出現拒絕傾聽的情況。當人們已經有既定立場的時候，無論這個立場是否已經被清楚的表達出來，或者只是隱藏在自己的心裡。因為受到既定立場的影響，很多人都擺脫不了「立場先行」的情況，但什麼是「立場先行」呢？意思就是一個人會將擁護自己的立場當作最要緊的事，並盡力排除對立場產生威脅的其他因素，而不去思考這些因素是否合理。

👓 避免部分選取

設想一下，如果某個人認為要維持自己的身體健康，就必須依照鹼性體質飲食法的建議攝取營養，認為這個方法適用於每個人，所以在日常生活中遇到的每個人，都建議他採取鹼性體質飲食法來攝取營養。有趣的是，如果你去問採取鹼性體質飲食的人，問他為什麼覺得這個觀念是對的呢？他一定會舉很多成功的例子來告訴你，藉此證明這個觀點是對的。至於「美國法院判決已認證酸鹼體質論是偽科學的詐騙罪行」有可能他會避而不談。

也就是說，人們通常採用對自己有利的證據，但是對於不利於自己的證據卻常常刻意或不自覺的忽略，在面對各項事實或證據的時候，並不是採取一致的態度，而是依據自己的偏好選取可以支持自己立場的證據，這就是所謂的「驗證性謬誤」。

👓 客觀公正，全面檢視

「驗證性謬誤」也經常出現在日常生活中，回想一下，你是否曾經遇過朋友間彼此有爭執，而出現「公說公有理，婆說婆有理」的情況呢？之所以如此，就是因為雙方在思考上都呈現了「驗證性謬誤」，只選取對自己有利的部分進行陳述，刻意忽略對自己不利的部分。因此，良好的思考素養會強調「立場不必中立，態度必須公正」的情意與態度，這正是說明對任何事物，我們當然可以有立場，但不能因此無視於對自己立場不利的證據，而是公正的面對各種正反立場證據，再綜合評估自己採取的立場是否站得住腳，還是應該要考慮改變自己的立場。

🧠 燒腦時間

　　網路平臺上的「數分鐘看完某影集」這類的影片，你個人的看法是什麼？

1. 我覺得：□合理使用 □侵犯著作權

2. 請收集並閱讀網路上有關「二次創作／影片著作權」的文章。

3. 閱讀後，請思考文章中所陳述的理由：

合理使用	侵犯著作權

4. 請說明自己所列出的理由比較傾向哪一方？是否受到自己原有立場的影響？

....

....

....

....

公正面對正反立場

根據文章內容，從影片定位、影片比例、商業行為、市場影響等面向進行分析，如下所述。

合理使用	侵犯著作權
影片定位 ◎ 這是改作、二次創作，與原創作作品各具有不同功能，沒有侵權。 ◎ 強調「著作權合理使用原則的正當性」(確保資訊流通與知識傳承，不阻礙社會的發展，可合理使用原著作繼續二次創作)。 ◎ 產業結構改變，誕生「創用者」的概念：所謂的「創用者」，不只是接收傳統媒介的訊息，還能創造許多訊息，成為傳統媒介的訊息來源。	影片定位 ◎ 改作就是侵犯他人的智慧財產，著作權法有明確的保障說明。這是一種「抄襲」──不法重製或改作他人受著作權保護的著作。 ◎ 「實質近似」與「合理使用」的差異模糊。「實質近似」是指一般閱聽眾的印象或反應，認為原作與二創間，整體感覺未有明顯的差異。 ◎ 若無限擴張著作權法，會傷害「表意自由」。

合理使用	侵犯著作權
影片比例 ◎ 僅利用原影片內容十分之一至百分之一。	**影片比例** ◎ 所擷取之內容屬影片精華、重要部分。
商業行為 ◎「未直接」向觀眾收取費用。	**商業行為** ◎ 片商僅是間接受惠者,因為點閱率會產生直接利益回饋給二次創作者。
市場影響 ◎ 引發觀眾對該影片的興趣,引起進戲院觀看的欲望。 ◎ 網民不一定照單全收「二次創作」的想法,片商過度放大對閱聽眾的影響。 ◎ 肯定數位、傳統評論帶給閱聽眾更多元的面貌與影響。	**市場影響** ◎ 會影響閱聽眾進電影院的意願,導致票房不佳甚至無法放映,傷害著作權以及商業利益。 ◎ 片商投入資金行銷,卻喪失了話語主導權。

註:
1. 著作權侵權的認定,除了一般大眾的輿論外,到了法院時,所提供證據、雙方的攻防、甚至各種學說的見解等等,都會影響法官的判決。
2. 現有的「創用CC授權條款」,是指一種公共著作權授權條款,允許分發受著作權保護的作品。創作共享授權,提供給作者靈活性(例如:選擇允許非商業用途使用其作品)。

Lesson 8

別被糊弄了

🎞 智慧小劇場

皓皓解說臺

　　生活中經常看到或是聽到知名人士推薦某些產品，因為有他們背書，我們便很自然的給予肯定，卻往往忽略了他們是否有相關領域的專業。就像上述情境中「A明星」並非「紡織科技領域」的專家，只是在演藝圈有知名度，我們便會說范范的思考出現了「訴諸不當權威的謬誤」，也影響了他的判斷。

　　在思考的過程中，為自己的行為或主張找理由是很正常的，但有時卻會被認為你的理由不是「理由」，只是「藉口」。而理由不被接受的因素很多，其中最常出現的就是推論上的謬誤，尤其是「非形式的謬誤」（informal fallacies）。

　　我們可以簡單分類：第一類是前提和結論不相干的謬誤，這類的謬誤就是用似是而非，而且和結論無關的理由來說服別人，漫畫中「訴諸不當權威的謬誤」就是其中之一；第二類則是前提的解讀有誤，或者使用不適當的前提而造成的謬誤。本堂課先就第一類進行說明。

👓 前提與結論不相干

第一類不相干的謬誤，是指前提和結論並不相干，很多時候我們會遇到和理性思考有所衝突的情況，使得人們很難決定要選擇哪一邊。像是遇到暴力威脅或者情緒勒索的情況時，都會讓人們因恐懼而無法理性思考。所以了解這些思考可能出現的謬誤，培養良好的思考素養，是促進和諧社會非常重要的關鍵。以下是常見的一些不相干的謬誤：

1.訴諸暴力的謬誤：

通常這類的謬誤就是以恐嚇、威脅的方式逼迫對方，讓對方同意並支持自己的觀點，以此認定自己的觀點是對的，這很顯然是一種推論上的謬誤。

對方因為懼怕而贊同自己的觀點，這樣無法證明自己的觀點是對的，有可能只是他不想受到傷害。

2.人身攻擊的謬誤：

有時候我們會聽到某些人在討論的時候，提出人身攻擊的理由來否定別人的說法。

比如說，當大家在討論畢業旅行的方案時，成績不好的小明提出了一些想法，但小華卻說：「反正小明成績不好，提出的方案也一定沒什麼建設性。」這個說法就是犯了人身攻擊的謬誤，

因為小明的成績和討論畢業旅行並沒有什麼關係，而小華卻用成績不好來否定小明的想法，這顯然是不對的。

3.訴諸群眾的謬誤：

每個人或多或少都遭遇過群眾壓力的經驗，但是因為身邊很多人都主張這麼做，就會讓自己陷入掙扎。例如：在思考「多數人的利益」還是「顧好自己」時，理想上，我們應該要想到別人也是重要的個體，可是在現實生活中，大部分的人都只想先顧好自己，如果我不跟別人一樣先為自己想，那不就吃大虧了嗎？那麼，我們就會屈從大多數人的想法。不過，多數人的做法不一定就是對的，這可能就是一種訴諸群眾的謬誤。

🧠 燒腦時間

請依據以下敘述的情境，連結至相對應的謬誤名稱。

阿立博士是享譽國際的人工智慧權威，所以他主張該產品具有美白效果一定是真的。

誠誠是個自私的人，讓他參加大隊接力一定會跑很慢。

大家都喜歡吃冰，這表示吃冰對身體很好。

到現在都沒有人看過外星人，這就表示外星人不存在。

人身攻擊謬誤

訴諸群眾謬誤

訴諸無知謬誤

訴諸不當權威謬誤

分辨不相干的謬誤

我們在思考的過程中,常會出現一些不相干的謬誤,依據敘述的情境所產生的謬誤,連結如下:

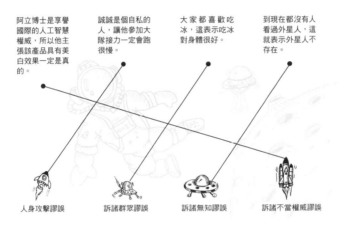

| 阿立博士是享譽國際的人工智慧權威,所以他主張該產品具有美白效果一定是真的。 | 誠誠是個自私的人,讓他參加大隊接力一定會跑很慢。 | 大家都喜歡吃冰,這表示吃冰對身體很好。 | 到現在都沒有人看過外星人,這就表示外星人不存在。 |

| 人身攻擊謬誤 | 訴諸群眾謬誤 | 訴諸無知謬誤 | 訴諸不當權威謬誤 |

—— 注 ——

訴諸無知謬誤:提出一種主張,認為是真的,因為無法證明真假;或者認為是假的,因為無法證明是真的。

Lesson 9
指南針故障了

🎞 智慧小劇場

皓皓解說臺

　　這個推論之所以有問題，是因為讀書不一定是為了要考上好大學，有些人是為了增長知識而讀書；而讀書也不一定能考上好大學，在真實生活中皆可印證。

　　因此，在此前提之下，也無法保證讀書就一定會有幸福的人生。漫畫中的對話在生活中經常聽到，也是多數人在不適當前提的情況下所下的結論，因此犯了「不適當前提」的謬誤。

　　在上一堂課中，我們已經學到第一類不相干的謬誤，接下來要繼續學習第二類謬誤，也就是對前提的解讀有誤或使用不適當前提造成的謬誤——有些人甚至會刻意利用這種謬誤來誤導別人。所以，如果對於這些謬誤有進一步的了解，也許能夠幫助自己與他人免除這些謬誤帶來的困擾。

👓 不適當前提

日常生活中有一些常見的不適當前提的謬誤。

1.稻草人謬誤：

用來比喻一個人受到曲解或委屈時，他沒有辦法為自己辯護的情況，就像稻草人根本沒有辦法說話或者動手。

現代社會中，網路霸凌有時就是以這樣的形式出現。設想自己如果在網路上遭到攻擊，而抨擊你的內容並非自己原來的本意或事件，但是你卻無法和躲在鍵盤後評論自己的那些人爭辯，讓其他人理解事件的原貌。這時候，你陷入了如稻草人般的處境。

2.以偏概全謬誤：

這類的謬誤在生活中經常出現，也是很多人無辜被貼上某些標籤的推論方式。

我們在日常生活中常聽到替人貼上標籤式的言論，例如：男生一定如何如何，或者女生一定如何如何等等，這類的言論常常是來自觀察到的某些個案，而直接推論同一類的個體都具有這個特性，顯然這樣的推論是不恰當的。

3.二分法謬誤：

這類的謬誤就是在他人面臨選擇的時候，故意誤導，刻意忽略某些可以選擇的選項，只留下他想要對方選擇的選項，然後讓

對方掉入陷阱之中。

　　舉例來說，如果某人受到歹徒挾持，而歹徒跟這個人說：「要錢還是要命？」顯然歹徒給這個人兩個選項就是：要錢的話就會沒命，而要命的話就把錢乖乖交出來。但是通常受到挾持的人心裡想的是：「我既想要命，也想要把錢留下來。」可是歹徒沒有給這個選項，而只給了兩個選項，要這個人在兩個選項中選一個，這就是二分法的謬誤。

4.滑坡謬誤：

　　所謂的滑坡謬誤就是使用一連串的因果推論，而得到不合理的結論，卻沒有注意到每個環節的因果強度不同，因為事實不一定照著線性推論發生，而有其他的可能性。

　　一般所說的「無限上綱」有時也牽涉到此種謬誤。比如說，小華要跟小明借錢買飲料，小明不願意，因為他心裡想：「如果我今天借小華二十元，他明天又會跟我借一百元，接下來就借一千元、一萬元……那我豈不是要破產了？」小明的想法就是犯了滑坡謬誤。

🧠 燒腦時間

　　荳荳和巧巧是大學同學，請從她們的對話中，找看看哪裡有問題？出現了那些謬誤？

　　荳荳看到巧巧若有所思的樣子，走過去問她怎麼了。

　　巧巧說：「愛情好難喔！昨天學長想牽我的手，但我拒絕了！他說：『妳如果愛我，妳應該不會拒絕我；拒絕我，就代表妳不愛我。』可是，我也不是不愛學長，只是覺得不想要進展的這麼快。再說，我如果答應他，下次他是不是會要求更進一步，接著不久之後就會拋棄我……我希望我們的感情可以開花結果。」

　　荳荳聽完巧巧的話，深嘆一口氣：「男生都是這樣，妳要學我，愛情跟麵包，我寧可選擇麵包。因為，麵包至少實際一點。」巧巧想了一下說：「其實，男生也不是都是這樣，像我表姊的男朋友就很不錯，對我表姊很好，又很尊重她，也不會要求她做她不願意的事情。我們都要好好想想什麼樣的『愛情』才是值得我們追求的。」

分辨不適當前提的謬誤

從荳荳和巧巧的對話中，出現了「二分法謬誤」、「滑坡謬誤」、「以偏概全謬誤」，說明如下。

1.二分法謬誤：

「妳如果愛我，妳應該不會拒絕我。拒絕我，就代表妳不愛我。」、「愛情跟麵包，我寧可選擇麵包。」

2.滑坡謬誤：

「我如果答應他，下次他是不是會要求更進一步，接著不久之後就會拋棄我。」

3.以偏概全謬誤：

男生都是這樣。

你知道自己在鬼打牆嗎？

請依「打怪大富翁」遊戲中的情境，填寫思考時常落入的思考陷阱。答對一題就敲扁一隻怪物，你能敲扁幾隻呢？

澤澤跟丸子妹說：昨天我幫媽媽做家事到很晚，所以作業還沒寫，老師不應該算我遲交。

（　　　　　）

海棠高中的棒球隊年年奪冠，表示海棠高中的學生運動細胞都很好。

（　　　　　）

我看人一向很準！小青一定是個吝嗇又自私的人。

（　　　　　）

那個人身上有刺青，一定是混黑道的，我們離她遠一點。

（　　　　　）

START

聽說新轉來的同學信仰伊斯蘭教，我們學校會不會發生恐怖攻擊事件啊！

（　　　　　）

阿嬤對豆豆說：「我吃過的鹽比你吃過的飯還多，小孩子不懂啦！」

（　　　　　）

媽媽對小新說：「就是因為你一直在玩手機，所以你才會考不好！」

（　　　　　）

你看那臺車停得這麼歪，一定是女生開的。

（　　　　　）

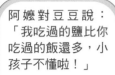

直覺、偏見與謬誤，是影響我們思考的因素，讓我們一起來打怪吧！

這位網紅聲量最高，訂閱的人最多，他所介紹的商品一定很好用。

（　　　　　）

到目前為止，沒有人看過耶穌或是觀世音菩薩，因此，宗教是騙人的。

（　　　　　）

認真讀書才會考上好大學，考上好大學才能找到好工作，找到好工作人生才會幸福。

（　　　　　）

媽媽跟小智說：「現在已經很晚了，你不去洗澡就去寫功課。」

（　　　　　）

清水對整形醫生說：「我要徐若瑄的眼睛，林志玲的鼻子。」這樣，我一定是最美的。

（　　　　　）

「打怪大富翁」遊戲解答：

訴諸憐憫謬誤	以偏概全謬誤	年齡偏見	錯誤歸因	性別偏見
直覺判斷	打怪大富翁			訴諸不當權威謬誤
外貌偏見				訴諸無知謬誤
START	宗教偏見	滑坡論證謬誤	非黑即白謬誤（二分法謬誤）	合稱謬誤

思維進化ing

　　想要擁有良好的思考素養，就要從了解自己開始。在日常生活中，我們常聽到很多人對自己的直覺或所謂的第六感很有信心，當然有時候這些直覺或第六感的判斷會是對的，不過，我們必須提醒自己，相信直覺或第六感之餘，還是要避免造成對別人的誤解或困擾。

　　本書的第二部分就是要從反思自己的直覺判斷開始，接下來就是要反思自己在思考上可能會產生的偏見與謬誤。

　　由於當代的人們處於資訊爆炸時代，我們在日常生活中有時會太依賴某些固定的資訊來源，或者是經常處在同溫層中，形成某些偏見而不自知，甚至自以為有道理，其實是要多多省思的。謬誤的形成則是出現在推論過程中，可能用一些不相干或者刻意誤導的理由作為前提，想要讓對方接受結論的方式，這些其實都是不恰當的。

我們離真相有多遠？

Lesson 10

你在爭什麼？

智慧小劇場

我要開始減肥了啦！

妳這麼瘦是要減什麼肥啦？我身上才都是油！

這不好說，女生的體脂通常都比男生高！

我的體脂率快要30%耶！

怎麼可能！我的體脂數才23%，可是我看起來比妳胖很多耶！

所以看起來胖不是胖，看起來瘦也不是真的瘦，還是要站上體脂體重機測量才知道誰的油多！

事實可以驗證

　　常聽到有人說：「事實勝於雄辯。」這句話要表達的就是事實具有相當強的客觀性，而且一般人會認為當事實呈現在眼前的時候，每個人都會接收到相同的資訊，也可以客觀的理解事實，絕不會因為不同的人來觀察而出現不同的事實描述。

　　除了客觀性之外，用來陳述事實的句子還有個很重要的特

徵，就是這些句子都有「真假值」。

舉例來說，「桃園市的位置在北回歸線以北」、「《蒙娜麗莎的微笑》畫像在羅浮宮」、「臺南高鐵站位於臺南市歸仁區」，以上這些句子陳述的都是事實，當我們這麼說的時候，其實就是告訴別人這些句子具有「可驗證性」，也就是我們可以用某些方法來確定這些句子是不是真的。

若你想要知道《蒙娜麗莎的微笑》是不是真的在羅浮宮，只要去一趟法國羅浮宮親眼看看，就會知道了。

👓 觀點可以多元

相較於用真假評斷的事實，有些陳述句並不是用來表達事實，而是用來表達觀點。既然不是事實，也就不能用真或假來判斷這些陳述句。

一般來說，常用來判斷觀點的是「好、壞、對、錯」等語詞，舉例來說，「《蒙娜麗莎的微笑》是幅曠世巨作」、「小明選數學系是對的」以及「把快樂當成人生唯一的目標是錯的」等等，這些觀點通常是主觀的，而不是具客觀性的事實，因為有些人可能就不認同「小明選數學系是對的」！

👓 合理觀點源自事實全貌

事實和觀點經常有很多連結，這也是導致很多人混淆的原因。

舉例來說，小明在國高中時，數學表現相當優秀，日後不斷發展，還獲得擁有數學界諾貝爾獎美譽的「菲爾茲獎」，並成為世界知名大學的教授。根據這些事實，我們就會形成一個「小明當初選數學系是對的」這種觀點。

正因為「事實」就是我們用以建立觀點的根據，所以選取哪些事實就非常重要。有時我們會因為忽略某些事實或不知道某些事實，而讓觀點產生偏差。

我們看到的事實是否全面，會影響到我們的判斷。例如：看到一個碗有個缺角，我們會如何看待這個事實呢？

有些人會把焦點集中在「碗有缺角」的事實，但有些人會把焦點放在「碗的大部分還是好的」這個事實。如同我們和其他人相處時，當某些人犯錯，我們會聚焦在他所犯的錯誤，還是「他大部分的時候做得很好？」

學生常認為，老師每次都只看到他跟同學說話或不專心的事實，但卻忽略他大部分的時候都很專心上課的事實。所以，當老師說：「某某同學請專心，不要一直講話。」學生會委屈的說：

「我哪有一直講話？」其實同學想反應的是老師所說的並不是真正的、全部的「事實」。

　　只用自己的觀點強調自己所認定的「事實」，會造成誤解或溝通上的困擾。因此，常常練習客觀看待事實，不以自己的觀點刻意忽視某些事實，這是非常重要的思考素養。

🧠 燒腦時間

　　你能客觀看待事實，不以自己的觀點忽視某些事實嗎？請上網搜尋TNVR的相關資訊，思考以下問題：

1. 什麼是TNVR？

....

....

....

2. 支持TNVR的觀點有哪些？證據為何？

....

....

....

3.反對TNVR的觀點有哪些？證據為何？

....

....

....

4.你的觀點是什麼？理由為何？

....

....

....

練習客觀看待事實

　　在社區的街道上，我們經常看到流浪動物（貓、狗等）所產生的問題，導致人與動物的關係惡化。為了關懷動物的權益，近年來，動物保護團體推廣TNVR（Trap 誘捕、Neuter 絕育、Vaccinate 防疫、Return 回置）的概念。經由了解TNVR的相關訊息，你是否能更客觀看待事實，並以事實來表達自己的觀點呢？

Lesson 11
愈多，就愈少

智慧小劇場

皓皓解說臺

　　描述一個人的特徵或內在特質，這是屬於「內涵」的部分，根據這些內涵去推論是哪一個人，這就是概念的「外延」。范范認為自己身高不高，但很會搞笑，可是當「跑步很快」這個條件加進來之後，大家就很確定隔壁班討論的對象不是范范，因為范范不具有「跑很快」的內涵條件。因此，當內涵的條件愈豐富，外延指稱的目標就會愈明確。

　　在日常生活中，我們經常要使用各種語詞進行溝通，這些語詞其實都在傳達我們心中的概念。有趣的是，這些概念其實都有兩個層面，其中一個層面是概念的內涵（intension），另一個層面則是概念的外延（extension）。

👓 內涵是屬性

　　什麼是概念的內涵呢？想像一下，假設我們正在上美術課，美術老師要同學用水彩練習畫蘋果，我們會如何畫出這張圖呢？想必會仔細觀察蘋果的形狀、顏色、大小等等的特徵，這些特徵

都屬於蘋果的內涵，所以當別人問我們「什麼是蘋果？」的時候，我們就會說出這些特徵，讓別人能夠想像蘋果的樣子。

又例如：我們要請一位從來沒看過蘋果的人買蘋果回來，我們會盡可能描繪蘋果的樣子，這就是使用概念的內涵的方式讓對方理解「蘋果」這個語詞的意義。

👓 外延是屬性的集合

什麼又是概念的外延呢？所謂概念的外延就是這個語詞所指涉的東西，例如：「蘋果」這個語詞的外延就是蘋果的集合，所有可以稱為蘋果的東西都屬於這個集合（像是紅蘋果、綠蘋果、黃蘋果、青森蘋果、華盛頓蘋果……這些蘋果都屬於「蘋果」這個集合）。

事實上，我們從小學習認識各式各樣的東西，都是從概念的外延開始。想像媽媽帶著小朋友到菜市場，指著水果攤上的水果說：「你看，這是蘋果。」媽媽所指的這堆蘋果，就是「蘋果」這個語詞的外延。

👓 內涵愈多，外延愈小

其實，概念的內涵與外延不僅可以討論語詞的意義，也可以用來理解事物。假設犯罪現場，有個目擊者看到歹徒的樣子，而警察會用什麼方法找出歹徒呢？有兩種最常見的方法：第一種是請目擊者說出歹徒的特徵，利用這些特徵去比對。第二種方式則是找出可能的人，讓目擊者指認。

第一種方式就是運用概念的內涵找出歹徒。如果目擊者可以說出愈多歹徒的特徵，就愈能夠縮小符合這些特徵的人的範圍；如果目擊者能夠說出的特徵愈少，那麼符合這些特徵的人數就愈多，自然也就更難比對出誰是歹徒。

所以，如果概念的內涵愈多，其外延的範圍就會愈小；相反的，如果內涵愈少，外延的範圍就愈大。當然，如果要抓到歹徒，最好擁有獨一無二的概念內涵，例如：指紋或者DNA等。

第二種方式就是利用外延的方式把歹徒找出來，透過目擊者的指認，如果目擊者沒有看錯，他在指認過程中要找的就是他在現場看到的人，而那個人就是歹徒。

🧠 燒腦時間

1. 請將以下的詞彙依「內涵」分成三類，並說明每一類共有的特
   點：

分類一：	分類二：	分類三：

2.依據上述分類，還可以填入哪些詞彙？

分類一：	分類二：	分類三：

概念的內涵與外延

第一題的分類項目名稱，即是這些詞彙共有的「內涵」，第二題依據這些內涵所額外增加的詞彙，即為該內涵的「外延」。

以下舉例說明兩種分類方式，供讀者參考：

1. 請將以下的詞彙依「內涵」分成三類，並說明每一類共有的特點：

分類一：動植物	分類二：人造物品		分類三：景物
橘子	棒球	梳子	太陽
馬	房屋	毛衣	河流
貓	手機	電腦	
洛神花	桌子		
苦瓜	餅乾		

分類一：吃的	分類二：用的		分類三：會動的
橘子	棒球	梳子	太陽
洛神花	房屋	毛衣	河流
苦瓜	手機	電腦	馬
餅乾	桌子		貓

2.依據上述分類，還可以填入哪些詞彙？

分類一：動植物		分類二：人造物品		分類三：景物
橘子	蘋果	棒球	梳子	太陽
馬	狗	房屋	毛衣	河流
貓	玫瑰	手機	電腦	山巒
洛神花		桌子	水壺	小徑
苦瓜		餅乾	背包	

分類一：吃的		分類二：用的		分類三：會動的	
橘子	蛋糕	棒球	梳子	太陽	大象
洛神花	果醬	房屋	毛衣	河流	瀑布
苦瓜		手機	電腦	馬	
餅乾		桌子	吹風機	貓	
			鐵鎚		

Lesson 12
傻傻分不清

智慧小劇場

皓皓解說臺

情境中所呈現的是一種語法歧義，有些句子當斷句位置不同時，會呈現不同意思，甚至引發誤會。例如：以「說明」這個詞來造句，可能就會有學生寫「如果我很乖，媽媽說明天就帶我去遊樂園玩。」

在日常生活中，大部分的人都曾有過覺得自己說的話被扭曲或被誤解的經驗，有時候想要跟對方說清楚講明白，卻發現怎麼說也說不清楚，甚至還有愈說愈糟的感覺，出現「我明明講得很清楚，你怎麼會這樣想呢？」的情況。

我們也會聽到人們在交談的時候說：「我不是這個意思」、「你就是這個意思」、「你誤解我了，我真的不是這個意思」……等爭論，會發生這些爭論，可能是因為別人聽到的意思和自己想要表達的意思有所出入，而這種情況常常是「歧義」所造成的。常見的「歧義」有三種類型：語法歧義、語意歧義和語用歧義。

👓 語法歧義

語法歧義是指如果以不同的斷句方式解讀同樣的句子，會讀出不同的意思。舉個經典的例子：有個窮秀才到朋友家作客，剛好碰到下雨，朋友想要下逐客令卻又不想太過明顯，於是就寫了「下雨天留客天留我不留」給窮秀才看，他的意思是「下雨天留客，天留我不留。」希望窮秀才可以識趣的離開。

豈料，窮秀才把同樣的話解讀成「下雨天，留客天。留我不？留！」而開心留下來。可見不同的解讀方式，會讓同一句話的意思天差地遠。

👓 語意歧義

語意歧義的意思是同一個語詞有很多不同的意義，不同的意義會使句子出現不同的解讀。語意歧義也是我們經常會遇到的困擾，就像英文有句諺語「Tomorrow never comes！」設想有個人向你借錢，跟你約定明天就會還錢，隔天你去找他說：「昨天你跟我借錢，說好今天要還，可以還我了吧？」

不料，向你借錢的人卻說：「我沒有說『今天』還你，我們說好是『明天』還你，是吧！你明天再來找我，我就會還給你。」

如果他跟你這麼說，你就會知道他是存心不還錢，因為我們永遠到不了他所謂的「明天」。

👓 語用歧義

語用歧義是指說話的人透過不同的語氣或使用方式，讓句子呈現不同的意思。

想像有人用高八度的聲音稱讚你，讓你覺得聽起來很不舒服，認為他像是在諷刺你，但對方也許並沒有這個意思，這時就可能產生語用歧義的困擾。

另外，溝通情境也經常會讓我們產生誤判，有時候你以為自己傳達了某種意思，但其實對方接收到的並不是你要傳達的，例如：情侶吵架時，其中一方說：「我又不是不愛你！」他可能要傳達的是「我是愛你的」的意思，可是這句話聽起來卻讓人覺得充滿情緒，感受不到愛。

👓 含混性

除了歧義的問題，語詞的含混性也常是我們在溝通中會出現的問題。

每個人在成長過程中多多少少都被唸過：「你都幾歲了，還像個小孩！」究竟幾歲以前才算是小孩呢？其實沒有一個確切的分界點說明幾歲之前算是小孩，而過了幾歲之後就不算小孩，原因出在「小孩」這個語詞帶有含混性。即使在同齡的同學中，我們還是會覺得有些人還像小孩，有些人已經不像是小孩了。

　　在日常語言中，我們常使用的「胖」、「瘦」、「高」、「矮」也都具有含混性。

◎ 燒腦時間

　　請分析以下情境是什麼歧義，並說明理由：

1. 小明跟店員說：「我要買『五香』乖乖」，店員就搬了「五箱」乖乖給小明。

----

2. 小華暗戀隔壁班的女生，但一直不知道對方的名字。有一天，兩人在學校附近的麵店不期而遇，小華就鼓起勇氣問對方：

「請問妳叫什麼？」女孩說：「我叫牛肉麵。」

....

....

....

....

3. 小星問小白：「女朋友很重要嗎？」小白說：「女朋友很重，
   我不要！」

....

....

....

....

生活中的歧義

1.第一個情境是「語意歧義」。「五香」是口味，「五箱」是數量，因為諧音而造成語意上的歧義。

2.第二個情境也是「語意歧義」。前者是在問你叫什麼名字，後者卻回答點了什麼餐，雞同鴨講。

3.第三個情境是「語法歧義」。斷句造成「很重要嗎？」和「很重，要嗎？」的不同意思。

Lesson 13
英雄所見略同？

智慧小劇場

思維進化27堂課

在臺灣，許多人都有出門戴口罩的習慣，但在其他國家的人就不一定有戴口罩的習慣了。因為文化差異，有些國家的人沒有戴口罩的習慣，有些則是因「禁蒙面法」的規定而禁戴。

面對同一件事情，我們必須要有更開闊的視野與知識，才能釐清事實的全貌。

在認識世界的過程中，很多時候會認為科技進步神速，世界就在眼前，以為自己對於世界的認識已經很客觀了。不過，有個情況經常被忽略，那就是「世界觀」如何影響我們看到的「事實」。

👓 世界觀影響認知

從古希臘文明開始，人們就認為地是平的，因此會有「世界盡頭」的想法，認為我們朝著同一個方向走，最後會像掉下懸崖一樣從世界的邊緣掉下去。

至於「地是平的」這種說法，其實就是依靠簡單的事實來判定：我們每天走路時，會覺得是沿著平坦的路前進，所以地怎麼

可能是圓的呢？

後來，有人觀察天體而提出地圓說，改變了人對於「大地」的看法。之前會認為「地是平的」，是因為在很短的距離中，人感受不到走路改變的角度與幅度。

同樣的情況也發生在「地心說」和「日心說」這兩個世界觀。每天仰望天空時，我們會認為是太陽繞著地球轉動，還是地球繞著太陽轉動呢？

在哥白尼之前的時代，人們多半以「日昇日落」來形容太陽繞著地球轉動。然而，後來事實證明地球不但有繞著太陽轉動的公轉現象，還有自轉的現象，才會造成黑夜與白天，所以21世紀的我們會說「地球自轉」才是事實。

那麼真正的事實究竟是「日昇日落」？還是「地球自轉」？其實都與當代的世界觀有關。

👓 擴充世界觀

不同的世界觀會影響我們描繪事實的方式，而描繪事實的方式也會顯示我們的世界觀。

想像一下，在深夜看到一道白色影子晃過，相信鬼神之說的人就會以為自己見鬼了，而不相信鬼神的人，可能會描述成有個

穿白衣的人經過。可見反思自己與他人不同的世界觀對「事實判斷」造成的影響是很重要的。

在日常溝通時，我們有時會用OK手勢來代表「沒問題」的意思，因為彼此都在同樣的文化脈絡下，可以相互理解。但是，這個手勢在不同地區就有不同意思，例如：在法國、比利時代表「零」或「一文不值」；在希臘、土耳其、委內瑞拉等地，是挑釁並影射對方是同性戀者；在一些中東國家如科威特，則是象徵「惡魔之眼」。

這些例子正提醒我們個人的世界觀有所局限，所以不要太早、太快下判斷，應該要趁機拓展自己的視野，擴充自己的觀點，避免誤會與爭執。

🧠 燒腦時間

1. 如前面所述，OK手勢在不同地區有不同的涵義，請你以某個動作、符號或習慣來搜尋，整理出各地區的文化差異。

動作、符號或習慣	國家/區域	代表意涵

2. 作家褚士瑩在〈大小剛好的鞋子〉一文中提到，緬甸的正式服裝無論男女，一定是長到腳踝的紗籠配上紅色呢絨面的牛皮拖鞋；除了運動選手會在比賽時特地穿上跑鞋之外，一般民眾平常都穿夾腳拖，而且是小一號的拖鞋。為什麼緬甸人會喜歡穿著小一號的夾腳拖呢？你覺得原因是什麼？

....

....

....

....

各地文化大不同

1. 關於YA!與OK手勢在不同地區有不同的意涵，參考説明如下：

手勢		國家/區域	代表意涵
	掌心向外	美國	勝利、和平
		亞洲	拍照比YA!
	掌心向內	英國	侮辱
		澳洲	
		臺灣	沒問題
		法國、比利時	「零」或「一文不值」
		地中海國家	暗示著對方是「同性戀」
		日本	金錢
		中東國家科威特	惡魔之眼

2. 緬甸因雨季較長，地面時常積水，若穿著的拖鞋比腳還大，那麼每走一步就容易濺起地上的水花，也會讓紗籠的下襬溼透。

由此可知，我們習以為常的「常識」，往往只是基於個人的舊經驗或在地的習慣，若是沒有自覺，就會落入窠臼而不自知，甚至因此產生誤解或刻板印象。

Lesson 14

真假？好壞？

🎞 智慧小劇場

　　同樣看到狗，婷婷會感到恐懼，而范范卻覺得可愛，這些反應都源於兩人不同的生活經驗，進而影響了他們對於「狗」的喜惡判斷與行動反應。看到狗是一個事實，但對於狗的想法與行為，卻會因為個人經驗而產生不同的價值判斷。我們已經知道事實與觀點的不同，也知道事實和觀點之間會互相影響。接下來，我們要看看自己或他人在描述事實的時候，會不會因為個人觀點或價值判斷而受到影響。

事實描述與觀點描述

　　在和他人聊某位共同朋友時，有時候我們會有困惑的感覺：「我們講的是同一個人嗎？」、「他真的是這樣的人嗎？」這些想法常常是因為我們對於發生在同一個人身上的不同事實，所產生價值判斷上的差異。

　　舉例來說，家長和老師對於一個學生的觀察常常是不一樣的，甚至會彼此否定，認為對方所說並非是真正的事實。

　　會發生這樣的情況，是因為我們個人的價值判斷影響了對事

實的理解，也就是我們在描述學生樣態時已經加入自己的觀點，這其實是一種觀點描述，而非事實描述。

👓 事實判斷與價值判斷

面對公共議題的討論，價值判斷對於了解事實的影響更為明顯。很多人會在選擇某個立場、形成某種觀點之後，就會明顯偏向描述支持自己立場的事實，而忽略不同立場的事實；甚至有些人會認為自己所持有的證據和事實比較重要，其他的都不重要！

然而，當我們將事實分成重要或不重要時，其實就已經對這些事實加入了個人的價值判斷，也就難以公正客觀的看待所有的事實資訊，也會影響自己對公共議題的看法與決策。

👓 世界觀對價值判斷的影響

除了在事實描述時加入個人價值的判斷，我們有時候也會誤把某些價值觀當作就是事實，儘管它們不見得有什麼關係。

有些人相信「善有善報、惡有惡報」的說法，認為這個世界上發生的事情都是因為善惡而產生，例如：某個人之所以會罹患絕症，一定是因為做了不好的事情，才會得到這種疾病。

或者很多人在罹患某種疾病的時候，也會抱怨說：「我又沒有做什麼壞事，為什麼會得到這個病？」這些想法都是把「罹患疾病」這個事實和「其他事實」連結起來，但是兩者之間未必真有這樣的關係！

　　一個人不做壞事就不會生病嗎？我們應該避免用「自己相信的價值觀」與「不相干的事實」做不當的連結，也免將「疾病」與「壞人」做連結，忽略了真正致病的因素。

　　另外，有些人會將宗教信仰的價值信念和事實混淆，這也會產生許多困擾。例如：相信神鬼之說的人，往往把神鬼的存在當成事實，有時也會把客觀存在的事實加入神鬼賞罰之說，把世界上發生的事實和信仰的信念做連結，像是怕受罰，所以透過儀式消災祈福；做好事，因為想要求福報；遭受天災，是因為上天要懲罰惡人。

　　然而，我們也知道這些說法大多缺乏可驗證性，所以要說「神鬼存在的信念」是一種事實，其實很難成立。

　　不過，我們也理解宗教信仰的確能夠撫慰人心，很多時候可以發揮安定人心以及勸人為善的作用。如果能夠正確的理解宗教信仰的宗旨，並適切的運用，對自己或他人還是會產生很大的助益。

🧠 燒腦時間

　　傳統觀念裡，有「男主外，女主內」的家庭分工思想，但其實這句話已經隱含著對男性、女性應該做些什麼的預設立場，也就是一種價值判斷。

　　事實上，家庭分工或扮演的角色不該由性別區分，個別能力與興趣，以及伴侶之間彼此協商才是最重要的。這也是為什麼我們需要區分「事實判斷」與「價值判斷」的緣由。

　　請分辨下列語句，是「事實判斷」？還是「價值判斷」？

1. 歲月不饒人：

2. 禮多人不怪：

3. 狗嘴裡吐不出象牙：

4. 多行不義必自斃：

5. 人帥真好，人醜性騷擾：

事實判斷？價值判斷？

　　有些事件或詞語是「事實判斷」？還是「價值判斷」？常讓我們混淆不清。現在就讓我們來看看燒腦時間的解答：

　　1.歲月不饒人：事實判斷。

　　2.禮多人不怪：價值判斷。

　　3.狗嘴裡吐不出象牙：事實判斷。

　　4.多行不義必自斃：價值判斷。

　　5.人帥真好，人醜性騷擾：價值判斷。

Lesson 15

找出癥結點

智慧小劇場

啊！我的呢？

對不起，我不小心忘記你了！

那不然我這杯給你喝好了。

我~不~要！反正我就是邊緣人，妳每次都忘記我。

玲玲都說要給你了，你幹嘛還這麼生氣啊！

哼！以後你們有事都別來找我。

皓皓解說臺

　　漫畫中呈現出「表面衝突」，因為雙方其實都是在乎彼此的友誼，玲玲發現自己的無心讓范范受傷，因而主動示好，但是范范覺得面子掛不住而意氣用事，於是發生了摩擦。如果范范可以跟玲玲坦誠說明心裡真正的感受，或許這場衝突就可化解了。

　　在生活中，我們難免和別人發生爭辯與衝突，有些人可能會選擇以「忍耐」來逃避衝突，不過，忍耐只是不讓衝突過於白熱化，久而久之，當忍耐達到極限，反而會造成更大的衝突，甚至釀成無法挽回的後果。所以，發生衝突時，找出真正的衝突點就顯得相當重要。

　　一般而言，人與人之間的衝突最常見的有兩種形式，一是所謂的表面衝突，二則是價值衝突。有趣的是，處理這兩種衝突的方式完全是不一樣的。

　　表面衝突的意思是，這個衝突本身並不涉及價值觀的差異，僅僅只是處理方式不一樣而造成的衝突，而價值衝突則是因為不同的價值觀所出現信念上的衝突。

👓 表面衝突

　　什麼是表面衝突呢？舉例來說，家長和老師會對孩子說：「我是為你好，你怎麼都不知道呢？」孩子在聽到這些話後，常常回說：「真的是為我好嗎？」讓我們想想，家長、老師和孩子之間的目標有沒有差異呢？不只是家長和老師，孩子也希望自己能夠生活得很好，但對於要達成這個目標的方法，可能有不同的見解。如果彼此都能夠調整讓對方的目標和自己是一致的，相信就可以在溝通的過程中減少不必要的衝突。

👓 價值衝突

　　價值衝突則是牽涉到不同信念的衝突，在歷史上不乏因為價值觀不同而發生的衝突，甚至引起戰爭，例如：十字軍東征及911事件等。

　　同樣的，在政治立場上的認同或不同團體因價值觀不一樣而有歧異時，也常產生衝突，毫不相讓。像是在修訂同性婚姻法案的過程中，堅持「婚姻必須是一男一女的關係」和「婚姻不必然是一男一女」的陣營就壁壘分明，兩方對於價值觀的堅持也造成了許多論辯與衝突。

又如前面所述，親子之間對於「什麼是好的生活」看法不一時，也可能造成價值衝突。

👓 開放與同理的態度

該如何面對價值衝突呢？我們可以先從以下的思考態度開始練習，一是開放的心胸，二是同理心。

開放的心胸可以擴展視野，幫助自己接觸到多元的觀點，意識到自己的價值觀有可能不是唯一正確的，也有可能出錯。

同理心能協助我們適切的理解對方的立場，透過換位思考，幫助我們進行理性的溝通與討論，而不至於堅持己見，傷人傷己。

🧠 燒腦時間

週末晚上小美上網玩遊戲，媽媽問她什麼時候睡，小美說：「再10分鐘我就可以過關了。」

半小時過去了，小美還沒有關電腦，理由是這個關卡還沒過。媽媽又累又無奈，忍不住對小美碎唸了幾句，然後自己去睡覺了。過了一會兒，小美也來躺下，但翻來覆去，動作很大像是

在生氣，影響到媽媽。

　　媽媽覺得小美帶著情緒睡覺是不好的，於是爬起來對小美說：「妳先起來，妳到底怎麼了？」

　　小美沒有吭聲，不願意起來，媽媽硬是要求小美坐起來。最後小美爬了起來，臭著臉對媽媽說：「好啦，都是我的錯！妳睡不著也是我的錯！」

　　這時媽媽生氣了，對小美吼道：「妳這是什麼態度！愛玩晚睡還擺臭臉。」小美回：「我哪有！」媽媽怒回：「妳明明就有！」……

1. 敘述中，媽媽與小美的表面衝突是什麼？

....

....

....

....

2. 媽媽與小美的價值衝突又是什麼？

....

....

....

....

找出問題的衝突點

　　面對生活中的大小事，如果我們能判斷出是「表面衝突」還是「價值衝突」？就能明確找出癥結點，用最適切的方式解決問題。

　　在媽媽與小美的衝突中，造成母女衝突的白熱化，是來自於小美的態度，也就是此情境中的「表面衝突」，而「價值衝突」是來自兩人對時間觀的看法不同，媽媽覺得時間到了該上床睡覺，小美想要玩到一個段落才要休息。以「再10分鐘，我就可以過關了。」這句話來說，媽媽的解讀是10分鐘後小美就會關機睡覺，而小美所要表達的重點是破關後才要睡覺。

　　此外，媽媽認為帶著情緒睡覺是不好的，但是小美並沒有意識到媽媽的用心，認為媽媽在找碴，所以臭著臉回答問題。

　　如果母女兩人都能先平復自己的情緒，以同理心來理解對方，進行理性溝通，就能溫暖對方的心。

我們離真相有多遠？

　　下面兩張圖片是某明星喜獲麟兒到醫院接妻兒的景象。如果你是一位記者，會為這兩張圖片寫下怎樣的標題及報導（請用30字描述）。

英國月亮報

1. 如果你是讀者，當你看到左邊的報導時，對於這位明星會
   有什麼評價？

   ....

   ....

   ....

   ....

2. 你覺得上述兩則報導，是想要讓讀者看到什麼呢？

   ....

   ....

   ....

   ....

思維進化ing

　　這兩張照片是因為不同角度而產生的誤會，值得省思的是：媒體所呈現的圖像到底有多少事實？是否有逼近真相？尤其是假訊息充斥的現在，我們應該要有覺察力和辨識真偽的判斷力，並保持敏感度，覺察訊息是否有誤？而不是跟著傳播媒體的風向走。

　　我們看到的事實是真正的事實嗎？相信很多人會覺得自己掌握了事實，甚至覺得其他人都沒有看到真正的事實或是昧於事實。本書的第三部分就是要深入的理解什麼是事實，如果仔細的反思，可以發現大部分的人所了解的事實可能只是部分的事實，甚至有很多情況是因為個人的信仰或信念而選取自己願意相信的當作事實。

　　除了理解什麼是事實，還要能夠判斷事實與觀點的差別，更要避免把自己相信的觀點當成真理或事實，甚至強加在他人身上。而在進行事實陳述時，更需要了解語詞可能產生的歧義及含混等問題，經常也會產生不必要的誤解。在溝通過程中，要特別鍛鍊自己傾聽、理解的能力，以免產生意氣之爭。

江湖在走，邏輯有沒有？

Lesson 16

因為……所以……

🎬 智慧小劇場

就婷婷的立場來說,她會想要男友告訴她分手的理由,希望對方要說清楚、講明白。我們在生活中也是如此,看到某個事件發生,都會想要追問明白,試圖釐清整件事情的發展脈絡。

在日常生活中,我們經常在進行邏輯推理。舉例來說,當你遲到時,常會跟對方說:「因為塞車,所以我遲到了。」這便是在進行邏輯推理所得出的結論。

使用敘述句論證

我們不妨想想看,在這裡出坝的「塞車」和「我遲到」都是一般的敘述句。敘述句的基本結構是「主詞」加「述詞」。不過,這裡所出現的「塞車」雖然沒有主詞,但雙方都可以理解這個句子其實是「我遇到塞車的情況」,所以遲到了。

不過,省略主詞有時候會造成一些不必要的誤解或困擾。例如:有同學在班上大聲說:「好煩喔!」身邊的同學可能會感到很困惑,他究竟是在說自己感到很煩呢?還是在說其他同學很煩呢?可見我們在溝通或者說話的時候,清楚的表達完整的句子是

很重要的。

　　以遲到的例子來說，如果你不是用敘述句回答，而是用問句來回答，又會是什麼樣的狀況呢？

　　當對方問你說：「你為什麼遲到？」你答說：「我為什麼遲到？」可想而知，對方根本不知道該怎麼回應，又或者說，這種回答不算是回答。因此，在回答問題的時候，應該用敘述句回答對方，而不能用問句或其他非敘述句的形式。

👓 命題和語句不同

　　在邏輯推理中，這些敘述句被稱為「命題」(propositions)，「命題」和「語句」不同，「語句」指的是文字符號，而「命題」就是這些文字符號表達的意思。

　　舉例來說，「現在正在下雨。」和「It is raining now.」是不是相同的句子呢？從文字符號來看，這兩個句子當然不同，因為第一個句子使用的符號是中文，而第二個句子使用的符號則是英文，對學過中文卻沒學過英文的人來說，只能看懂用中文表達的句子，卻看不懂用英文表達的句子。所以，這兩個句子是不同的「語句」。不過，對學過中文和英文的人而言，不但可以同時看懂這兩個句子，還會說這兩個句子是一樣的，因為這兩個句子表

達相同的意思，也就是說，這兩個句子是相同的「命題」。

👓 論證的前提與結論

如果我們想要和朋友們找間餐廳聚聚時，會如何決定去哪家餐廳呢？首先，我們應該會問問朋友們是否有飲食上的禁忌，或者偏好什麼風格的食物，以及餐廳交通的方便性等等。

這些資訊就會成為尋找適合餐廳的根據。所以，當有人問為什麼會選擇某家餐廳做為聚餐的地點時，我們就會說，是因為朋友們在飲食上有哪些需要注意的，或者是比較偏好什麼風格的食物，所以才找了這間餐廳。

決定到哪家餐廳聚餐，其實就是論證的過程。朋友們在飲食上的各種考量，就是邏輯推理過程中的前提，也就是選擇某家餐廳的理由；而某家餐廳是適合聚餐的地點，就是透過邏輯推理過程得到的結論。把前提和結論結合起來，就是所謂的「論證」。

在日常生活中，我們經常會遇到立場不同的情況，例如：公投時，有人會贊成，有人反對，不同立場的人通常都會在投票之前進行一些辯論，這些辯論內容就是論證前提的理由，由此得到論證的結論，也就是贊成或反對的結果。

🧠 燒腦時間

柚柚坐在客廳看電視，媽媽叫他去倒垃圾。

柚柚：「我為什麼要去倒垃圾？」

媽媽：「因為我是你媽，所以你要聽我的。」

柚柚：「為什麼我要聽你的？」

媽媽：「你沒聽到我剛說的嗎？因為我是你媽。」

柚柚問在場的小橘，說：「姐，妳聽聽，這樣對嗎？」

小橘：「我也覺得怪怪的，但媽媽常常這樣說。」

柚柚的爸爸推了一下眼鏡，在一旁悠悠的說：「因為她是你媽，所以你們要聽她的話。」

上面對話情境中，有哪些地方出現不合理的論證？

說明

合理的論證過程

就論證結構來說，「因為我是你媽，所以你要聽我的。」這句話，是以敘述句來陳述前提和結論，結構是完整的，而且前提為真。但是柚柚和小橘之所以覺得遲疑，是因為從「我是你媽」的這個前提中，並不足以導出「你要聽我的」這個結論，因為每個人都是獨立的個體，有自己的意志，若是媽媽説，因為我在忙，請你幫忙倒垃圾，就能將前提和結論結合起來，產生合理的論證。

Lesson 17

好好講道理

🎬 智慧小劇場

星座專家說：「處女座的人都很龜毛。」

敏敏就是處女座的。

可是我覺得她不會啊！

我也覺得不會！

所以說，星座根本不準啊！

也不能這麼說吧！因為星座是用歸納法，是從大多數的處女座的特質推論而來，所以不一定百分之百符合。

皓皓解說臺

　　以上對話很常出現在我們日常生活中，人們常把星座與血型當成茶餘飯後的閒聊話題，會以星座和血型作為「理解對方個性」的一種方法，以至於我們常會聽到「敏敏是處女座，她的個性一定……」這樣類似的推論。

　　可是，在邏輯推理活動中，是什麼讓推論結果不如預期？原因有二：第一是對論證本身「可信度」的評估出現錯誤，第二是推論規則或者前提出錯。從論證的「可信度」來看，可以把論證區分成演繹論證和歸納論證兩類。而論證中最常出現，且最容易被誤解的推論規則，將於下一課解說。

👓 演繹論證

　　演繹論證就是百分之百保證可以從前提得到結論，也就是說，如果某個演繹論證是成立的，那麼在某個人接受論證的前提下，一定會接受結論。

　　舉例來說，當學生聽到老師說：「所有的同學注意。」班上的同學們就會將眼光聚集在老師身上，看看老師想要宣布什麼

事。這時，同學們的動作就顯示了邏輯推理的結果，此時同學們的心裡就浮現兩個前提：

前提一：所有的同學要注意。

前提二：「我是班上的同學之一。」

結論：「我要看向老師。」

其實，每當我們聽到別人說：「你再想想，是不是真的是這樣？」或者「你想想這麼做的話，結果會怎樣？」等說法，就是肯定每個人都具有邏輯推理的能力。

👓 歸納論證

在運用歸納論證進行邏輯推理的時候，和演繹論證不同的地方，在於前提並不見得可以百分之百保證得到結論，也就是說，歸納論證的前提和結論兩者之間的關係，只是或然率的關係。例如：當你到醫院看病的時候，醫生跟你說：「手術之後，能有90%的機會痊癒。」通常一般人會再問醫生：「那意思就是有10%治療失敗的機率，是嗎？難道沒辦法百分之百的保證嗎？」通常得到的答案是：「即便無法百分之百保證，不過，90%手術成功的機率已經很高了！」如果這樣的情況發生在自己的身上，你會不會選擇進行手術治療呢？事實上，大多數的人都會接受這

樣的治療方式。

　　透過統計進行歸納的方式是比較客觀的，但很多時候，人們的推理是無法做到客觀的統計歸納，所以思考過程中有時會出現問題。例如：在創業的時候，人們總會構築美麗的願景，傾向高估自己成功的機率，忽略可能失敗的因素；即便成功的機率再高，也無法保證百分之百不會失敗。萬一真的失敗了，常會發生難以置信，陷入低潮的情況。其實，這就是誤將歸納論證當作演繹論證的結果。

👓 歸納論證中的簡單枚舉法

　　日常生活中，我們也常用到「簡單枚舉法」來進行歸納論證。所謂簡單枚舉法就是用自己或他人累積的案例，得到某些原則或原理。像是很多人都會說：「人都是自私的。」是依據自己的觀察和經驗累積而得到「人不白私，天誅地滅」的結論，但是並非所有人都是白私的，這正是使用枚舉法要留意之處。其他像「天下無不是的父母」、「嚴以待人，寬以律己」等，都是類似簡單枚舉法所提出的推論。

燒腦時間

　　小白與小黑認識一段時間了，小白想跟小黑說自己是一個值得交往的對象。請問，小白應該要如何論證，才能說服小黑選擇與他交往呢？請以結論「小白是個值得交往的對象」，運用「演繹論證」及「歸納論證」的方法來書寫。

演繹論證	歸納論證

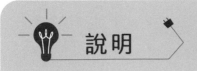
以論證說服對方

要用「演繹論證」及「歸納論證」來向對方表白，是不是有難度呢？現在，就讓我們來看看答案吧！

演繹論證：

貼心的人是值得交往的人。

小白是貼心的人。

所以小白是個值得交往的對象。

歸納論證：

小白的前女友說：小白是個值得交往的對象。

小白的前前女友說：小白是個值得交往的對象。

小白的前前前女友說：小白是個值得交往的對象。

……

所以小白是個值得交往的對象。

Lesson 18

有理走遍天下

🎞 智慧小劇場

皓皓解說臺

　　在上述情境中，大家各自以自己所得到的前提來進行推論，像玲玲先給了一個前提（在校園裡發現帥哥），范范就以這個前提來推論帥哥是自己，後來婷婷又給了另一個前提（帥哥通常很花心），范范和敏敏則以這個前提做出否定「范范是帥哥」的推論，這樣的邏輯推理有無問題？

　　我們知道論證結構是由前提和結論所組成，而演繹論證的意思是在推論規則正確的情況下，從前提中可以百分之百保證得到結論。

　　通常我們把「如果……，那麼……。」這類的句子稱為條件句，出現在前面的句子稱為前件，出現在後面的句子稱為後件。當此條件句成立的時候，前件即為後件的充分條件，而後件則是前件的必要條件。

　　在演繹論證中最常出現的問題，就是將不正確的推論規則當成是正確的，而造成思考上的困擾，哪些推論規則才是正確的呢？我們用一些日常生活經常使用的邏輯推理來說明一下。

👓 肯定前件

如果天氣很好，那麼我們就一起去爬山。

天氣很好。

所以，我們一起去爬山。

「肯定前件」規則簡稱MP，通常我們把「如果……，那麼……」這類的句子稱為條件句，出現在前面的句子稱為前件（P），出現在後面的句子則為後件（Q），像「如果天氣很好，那麼我們就一起去爬山。」這個句子的前件就是「天氣很好」，而後件就是「我們就一起去爬山」。

在條件句的推論中，當我們肯定前件的時候，就可以推論得到後件成立，所以稱為「肯定前件規則」。其形式為：

若P則Q

P

所以，Q

👓 否定後件

如果小玉賴床，那麼她上學就會遲到。

小玉上學沒有遲到。

所以，小玉沒有賴床。

「否定後件」規則簡稱MT，當我們認為「如果小玉賴床，那麼她上學就會遲到」這個說法是成立的時候，意思就是肯定賴床所造成的後果就是上學會遲到。

所以，當老師發現小玉上學沒有遲到的時候，可能就會對小玉說：「很棒喔！妳今天沒有賴床。」此對話就是透過否定後件規則所得到的結論。其形式為：

若P則Q

非Q

所以，非P

👓 否定前件的謬誤

如果天氣很好，那麼我們就一起去爬山。

天氣不好。
_____

所以，我們不去爬山。

在否定前件（天氣不好）的情況下，並不能推論得到後件否定的結果（不去爬山）。

想想看我們日常生活中的對話，假如聽到某個人跟你說：「如果我賺到錢，就會馬上把錢還給你。」有些人聽完，會馬上反問說：「如果沒有賺到錢呢？是不是就不用還錢了？」

這個反應就說明了否定前件是不正確的推論規則；也就是說，我們從某個人說「如果我賺到錢，就會馬上把錢還給你。」這句話之中，只能知道他保證賺了錢會還錢，但是卻無法推論得到他在不賺錢的情況下會不會還錢。

👓 肯定後件的謬誤

如果小玉賴床，那麼小玉上學就會遲到。

小玉上學遲到。
_____

所以，小玉賴床。

在肯定後件（小玉上學遲到）的情況下，並不能直接推論前件（小玉賴床）也是成立的。

想想看，如果老師看到小玉上學遲到了，可能會問小玉說：「妳又遲到了，是不是又賴床了呀？」從老師的問話中，即使看到小玉遲到，也不能推論她一定是因為賴床才造成遲到的結果。所以老師問「是不是又賴床了？」就表示小玉遲到有可能是其他原因造成的，因此肯定後件也是不正確的推論規則。

👓 假言三段論

如果你好好讀書，那麼你就可以考上好大學。

如果你考上好大學，那麼你就可以擁有幸福人生。

所以，如果你好好讀書，那麼你就可以擁有幸福人生。

「假言三段論」簡稱HS，是一種正確的推論規則。相信很多人都聽過長輩或老師用這樣的論證鼓勵學生要好好讀書，而長輩或老師會這麼說，當然是覺得這個論證很有道理。

很多人會對這個推論不以為然，總覺得這個論證是有問題的。就長輩或老師來說，好好讀書就能擁有幸福人生是「真」的。對學生而言，好好讀書並「不一定」會擁有幸福人生，所以這段話的結論是「假」的，這是因為雙方對於前提有不同的判斷，而有所爭執。其推論形式為：

若P，則Q

若Q，則R

所以若P，則R

👓 前提是否成立

前面所述，假如用長輩或老師的看法，他們認同這個論證運用正確的推論規則；既然是運用正確的推論規則，就表示大家都會贊同這樣的推論是「有道理的」。不過，很多學生在聽到這個論證的時候，會覺得不合理。

如果問學生：「為什麼你覺得沒有道理呢？」學生也許會回應：「難道你能保證好好讀書就一定會考上好大學嗎？」對話中，學生質疑的是這個論證前提是否成立是有待商榷的。如果前提不成立的話，就算是使用正確的推論規則也不能保證結論成立。

我們在邏輯推理的過程中，其實有兩個部分是非常重要的，第一個是要知道什麼是正確的推論規則，第二個則是要考慮前提是否成立。

我們可以了解，長輩或老師覺得「有道理」的理由是因為運用了正確的推論規則，卻忽略了考慮前提是否成立的問題；反之，學生認為「沒有道理」是考慮了前提不成立，卻忽略正確的推論規則，而全盤否定長輩或老師的說法。因此，好的思考素養應該是要能夠傾聽並理解別人說話的道理何在，就能避免很多無謂的誤解和爭執。我們應該學習不只是區辨「有道理」和「沒有道理」，更應注意自己在說話時，是否只關注某部分的理由，而忽略其他部分。

🧠 燒腦時間

　　請寫出下列例句的推論形式，並分析其論證是否有效。論證若有效，於(　)畫〇；論證若無效，則於(　)畫X。

(　) 1. 如果下雨則馬路是溼的；現在馬路沒有溼。／所以，沒下雨。

推論形式：

(　) 2. 如果下雨則馬路是溼的；若馬路是溼的就容易滑倒。／所以，下雨容易滑倒。

推論形式：

(　) 3. 如果下雨則馬路是溼的；現在沒有下雨。／所以，馬路沒有溼。

推論形式：

(　) 4. 如果下雨則馬路是溼的；所以，如果沒有下雨馬路就不會溼。

推論形式：

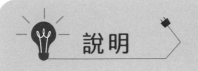

有效或無效論證

寫出各例句的推論形式，能幫助我們分析該論證是否有效。

(O)1. 如果下雨則馬路是溼的；現在馬路沒有溼。
／所以，沒下雨。

（推論形式：若P則Q；非Q／所以，非P）

(O)2. 如果下雨則馬路是溼的；若馬路是溼的就容易滑倒。／所以，下雨容易滑倒。

（推論形式：若P則Q；若Q則R／所以，若P則R）

(X)3. 如果下雨則馬路是溼的；現在沒有下雨。／所以，馬路沒有溼。

（推論形式：若P則Q；非P／所以，非Q）

(X)4. 如果下雨則馬路是溼的；所以，如果沒有下雨馬路就不會溼。

（推論形式：若P則Q；所以，若非P則非Q）

Lesson 19

演繹推理的經典

🎞 智慧小劇場

上週朝會朗讀比賽頒獎，第一名是麟麟耶！

妳說的是201班的麟麟？

201班不是特別活潑嗎？

那麟麟應該也是外向熱情的人吧？

意思是說，201班的學生都很活潑，麟麟是201班的學生，所以，他一定也是個活潑的同學。

嗯哼，大家的對話，

就是所謂的「三段論證」。

　　敏敏使用瑞瑞和婷婷所給的兩個前提來進行推論，而我們通常把這樣的推論稱為「三段論」。

　　在邏輯推理的歷史中，最早的研究源自古希臘哲學家亞里斯多德，他認為所有複雜的推論，都是由「大前提、小前提、結論」的語句結構所組成，也因為每個論證是由三個語句組成，所以這樣的論證被稱之為「三段論」。

👓 語句結構

　　「三段論」是指如何從兩個前提推導出有效的結論。在了解三段論的論證之前，我們必須先瞭解組成三段論的語句結構，在論證中出現的每個語句都有主詞與述詞，例如：在「張三是男人」這個句子中，「張三」就是主詞，而「男人」就是述詞。

　　為了比較容易理解三段論的論證結構，這裡使用的語詞只限由個體組成的集合，例如：「男人」、「女人」、「動物」、「桌子」、「瓶子」等，而這類語詞都是「可數的」。

　　那有沒有不適用數量的語詞呢？像是「水」或者「鐵」這類的語詞，就不能用數量來數它的個數。而連接主詞和述詞的語詞稱

為繫詞，就是用來表達肯定或否定的意思，如「張三是男人」其中出現的「是」就是繫詞，也是表達肯定的意思；「張三不是男人」的句子中，出現的繫詞為「不是」，就是表達否定的意思。

除了表達肯定與否定的繫詞之外，為了了解主詞限定的範圍，我們要在主詞的前面加上量詞。原因是什麼呢？想像你就讀XX中學，有一天你走在路上，聽到某個路人說：「XX中學的學生沒有公德心」，這個時候你覺得自己被說沒有公德心了嗎？你認為這個路人說的「XX中學的學生」包括你在內嗎？其實不一定，因為這個語句前面並沒有加上量詞，所以無從判斷是否包括你在內，說不定路人的意思只是有些或大部分XX中學的學生沒有公德心。

透過以上的說明，我們知道如果主詞前面不加上量詞，有時候就會造成混淆或誤解。經過上述的說明，我們會發現一個完整的語句除了主詞和述詞之外，在主詞的前面還需要加上表達數量的量詞，以及用來連結主詞與述詞的繫詞。所以，三段論的語句結構如下：

語句的結構 = 量詞＋主詞＋繫詞＋述詞

其中關於量詞，像是「全部」、「大部分」、「有些」、「少部分」等等，亞里斯多德認為如果要確定推理是有效論證還

是無效論證的話，使用的語詞就不能模糊或有爭議。

因此，他認為能夠精確表達數量且沒有爭議的量詞只有兩個，其中一個是「全部」，稱之為「全稱量詞」；另一個是「一些」，代表至少存在一個，稱為「存在量詞」。

👓 語詞類型

每個三段論都會出現三個不同的語詞，分別稱為大詞、中詞和小詞，判斷方式為出現在結論主詞部分的語詞稱為小詞，並以S為代號；出現在結論述詞部分的語詞稱為大詞，以P為代號；沒有出現在結論部分的語詞就是中詞，代號為M。

大前提：所有的哺乳類都是動物

小前提：所有的人都是哺乳類

結論：所以，所有的人都是動物

以上述三段論證為例，結論的主詞部分是「人」，所以「人」是小詞（S）；述詞部分是「動物」，所以「動物」是大詞（P）；至於只出現在前提而沒有出現在結論的語詞「哺乳類」就是中詞（M）。

👓 語句句型

從量詞與繫詞的組合，我們可以得到四種不同的句型，這四種句型如下：

1.A句型：全稱肯定句型

SAP 句型（所有的S都是P）。

例如：「所有XX中學的學生都很認真讀書。」

2.E句型：全稱否定句型

SEP 句型（所有的S都不是P）。

例如：「所有XX中學的學生都不認真讀書。」

3.I句型：存在肯定句型

SIP 句型（有些S是P）。

例如：「有些XX中學的學生很認真讀書。」

4.O句型：存在否定句型

SOP 句型（有些S不是P）。

例如：「有些XX中學的學生不認真讀書。」

三段論教導我們如何進行客觀合理的思考和論證，幫助我們以合理的方式把事情說清楚。

🧠 燒腦時間

1. 請找出下列論證中的大詞、中詞與小詞。

   大前提：所有的金屬都能導電

   小前提：銅是金屬

   結論：所以，銅會導電

   大詞（ 　　 ） 中詞（ 　　 ） 小詞（ 　　 ）

2. 連連看：請將下列語句句型做正確的配對。

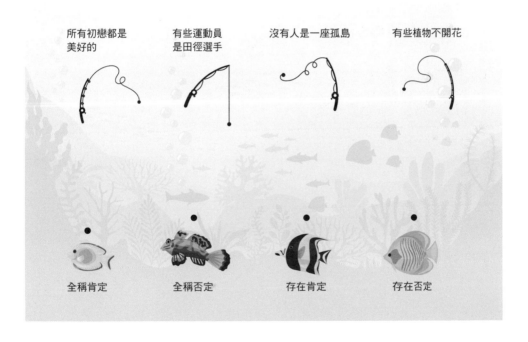

所有初戀都是　　有些運動員　　　沒有人是一座孤島　　有些植物不開花
美好的　　　　　是田徑選手

全稱肯定　　　　全稱否定　　　　存在肯定　　　　　存在否定

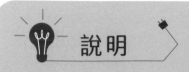

三段論的形式

1. 請找出下列論證中的大詞、中詞與小詞。

   大前提：所有的金屬都能導電

   小前提：銅是金屬

   結論：所以，銅會導電

   大詞（導電） 中詞（金屬）　小詞（銅）

2. 連連看：請將下列語句句型做正確的配對。

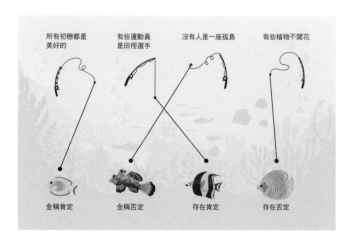

Lesson 20

去蕪存菁看形式

智慧小劇場

思維進化27堂課

皓皓解說臺

在我們生活中，經常出現類似上述四人的對話句型，以邏輯形式來分析，分別屬於以下句型：

A句型（所有的OO都是XX）

可見所有的商人都是黑心的！

E句型（所有的OO都不是XX）

世界上所有商人都不是黑心的！

I句型（有些OO是XX）

我真的也有遇到有些商人是黑心！

O句型（有些OO不是XX）

我知道有些商人不是。

這樣的對話可以用三段論檢視，我們可以將這些句子形式化，釐清各句子的句型，有助於我們檢核論證的有效性。

可是要怎樣形式化呢？三段論中，會有三個詞：小詞（以S為代號）、中詞（以M為代號）、大詞（以P為代號）。結論中的主詞稱為「小詞（S）」，結論的述詞為「大詞（P）」，至於只出現在前提而沒有出現在結論的語詞稱為「中詞（M）」。

👓 認識SMP

以下面這個三段論論證為例：

所有的哺乳類都是動物，

所有的人都是哺乳類；

所以，所有的人都是動物。

依據上述的論證來看，結論為「所有的人都是動物」，主詞是「人」，所以「人」是小詞（S）；述詞是「動物」，所以「動物」是大詞（P）；只出現在前提而沒有出現在結論的語詞「哺乳類」是中詞（M））。

因此，上述的論證就可以寫成下面的形式：

所有的哺乳類都是動物	所有的M是P	M A P
所有的人都是哺乳類	所有的S是M	S A M
所以，所有的人都是動物	所以，所有的S是P	所以，S A P

👓 檢視三原則

要如何判斷這個論證是不是一個有效論證呢？我們在此提供一個簡易的判斷方法，只要通過三個檢查步驟就可以確定某個論證是不是有效論證。這三個步驟為：

一、如果結論是肯定句，那麼前提必須都是肯定句；但若結論是否定句，那麼前提必須是一個肯定句及一個否定句。

二、結論周延的語詞，前提也必須周延。

三、中詞至少周延一次。

「周延」的意思是說，當語詞的使用包含該語詞所有的指涉對象時，該語詞便是周延的。如何判斷語詞是否周延，需考量出現在主詞前面的量詞以及述詞前面的繫詞：

	周延	不周延
主詞前面的量詞	「全部」、「所有」	「一些」、「部分」
述詞前面的繫詞	否定	肯定

從圖表中得知，如果出現的量詞是「全部」、「所有」，主詞就是周延的；量詞是「一些」、「部分」，就代表主詞是不周延的。至於述詞是否周延的判斷方式，是以繫詞來決定，如果是肯定語句，那麼該述詞是不周延的，如果是否定句的話，那麼述詞是周延的。

例如：

「**所有的**商人都是黑心的！」以這句話而言，商人是主詞，量詞是「所有的」，針對這個主詞（商人）就是周延的。

「真希望世界上所有商人**都不是**黑心的！」此句的繫詞（都

不是）是否定的，將所有的可能性排除在外，就是周延。

在學會檢視正確推論的方法後，我們更應該保持謙遜的態度，不宜在對方不了解推論方法的情況下，去嘲笑或指責別人犯錯，應該要透過討論，讓彼此檢視怎樣的推論更為合宜，才能化解歧異，凝聚共識，使彼此的關係更為和諧，展現良好的思考素養。

🧠 燒腦時間

請先以直覺判斷下列三段論證屬於有效論證或無效論證，再將其句型以AEIO形式化呈現並進行分析判斷。有效論證請打「O」，無效論證請打「X」

1.（　　）

三段論證	AEIO句型檢視
所有田徑選手都是運動員，	
有些運動員是短跑健將；	
所以，有些田徑選手是短跑健將。	

2. (　　)

三段論證	AEIO句型檢視
所有人都是動物，	
所有人都不會飛；	
所以，有些動物不會飛。	

3. (　　)

三段論證	AEIO句型檢視
有些人是男人，	
所有的好人都是人；	
所以，有些男人是好人。	

4. (　　)

三段論證	AEIO句型檢視
所有數理班的學生都喜歡上數學課，	
范范是數理班的學生；	
所以，范范喜歡上數學課。	

5. (　　)

三段論證	AEIO句型檢視
所有男人都不是礦物，	
所有石頭都是礦物；	
所以，所有的男人都不是石頭。	

6. (　　)

三段論證	AEIO句型檢視
有些魚是不用鰓呼吸的生物；	
所有用鰓呼吸的生物，都生活在水中	
所以，有些魚是生活在水中	

三段論的句型

1. (X)M至少周延一次

三段論證	AEIO句型檢視
所有田徑選手都是運動員，	（O：所有，周延） SAM （X：是，不周延）
有些運動員是短跑健將；	（X：有些，不周延） MIP （X：是，不周延）
所以，有些田徑選手是短跑健將。	（X：有些，不周延） SIP （X：是，不周延）

2. (O)

三段論證	AEIO句型檢視
所有人都是動物，	（O：所有，周延） MAS （X：是，不周延）
所有人都不會飛；	（O：所有，周延） MEP （O：不會，周延）
所以，有些動物不會飛。	（X：有些，不周延） SOP （O：不會，周延）

3. (X)M至少周延一次

三段論證	AEIO句型檢視
有些人是男人，	（X：有些，不周延） MIS （X：是，不周延）
所有的好人都是人；	（O：所有，周延） PAM （X：是，不周延）
所以，有些男人是好人。	（X：有些，不周延） SIP （X：是，不周延）

4.（○）

三段論證	AEIO句型檢視
所有數理班的學生都喜歡上數學課，	(O：所有，周延) MAP (X：都喜歡，不周延)
范范是數理班的學生；	(O：范范，周延) SAM (X：是，不周延)
所以，范范喜歡上數學課。	(O：范范，周延) SAP (X：喜歡，不周延)

5.（○）

三段論證	AEIO句型檢視
所有男人都不是礦物，	(O：所有，周延) SEM (O：不是，周延)
所有石頭都是礦物；	(O：所有，周延) PAM (X：是，不周延)
所以，所有的男人都不是石頭。	(O：所有，周延) SEP (O：不是，周延)

6.（X）結論為肯定句時，前提必須皆為肯定句。

三段論證	AEIO句型檢視
有些魚是不用鰓呼吸的生物；	(X：有些，不周延) SOM (O：不用，周延)
所有用鰓呼吸的生物，都生活在水中	(O：所有，周延) MAP (X：都，不周延)
所以，有些魚是生活在水中	(X：有些，不周延) SIP (X：是，不周延)

Lesson 21

畫出你的邏輯

🎞 智慧小劇場

數學老師也有用圖形來詮釋集合概念，我們可以試著來畫看看。

剛剛老師用一堆符號來闡述邏輯的集合概念，真的好難喔！

如果以「有些商人是黑心的！」這句話來說，要怎麼畫？

我試著畫畫看。

應該是這樣畫吧？

　　三段論的檢視法，除了前單元亞里斯多德的檢視法外，其實我們也可以用圖形的方式來理解三段論的推論。既然本單元是用語詞作為推論的單位，那麼我們不妨將語詞看成一個集合，會出現在集合中的元素就是符合這個語詞特性的東西。就我們自己本身來說，我們是「人」這個集合的元素之一，也是「哺乳類」這個集合的元素，同時也在「動物」這個集合中。

集合關係

　　不同的語詞之間彼此都會有一些關係，如果用集合的方式表達這些關係，可以幫助我們很快掌握這些語詞的關係。以A、E、I、O四種句型為例：

　　A句型（全稱肯定）：「所有的人都是動物。」就表示人這個集合落在動物的集合中。

　　E句型（全稱否定）：「所有的玫瑰花都不是動物。」就表示玫瑰花這個集合和動物這個集合沒有交集。

I句型（存在肯定）：「有些學生是戴眼鏡的。」意思就是學生這個集合和戴眼鏡的這個集合有交集的部分，落在這個交集部分的元素就是有戴眼鏡的學生。

O句型（存在否定）：「有些學生不具有投票權。」意思是學生這個集合的某些部分不會落在具有投票權這個集合上。

認識維恩圖

為了能夠簡單的用圖形呈現這些句型，邏輯學家們用維恩圖(Venn Diagram)來刻劃這些句型的意義，並檢視推論是否為有效論證。首先，我們要先了解這些句型在維恩圖中代表的意義，A、E、I、O四個句型的圖形如下：

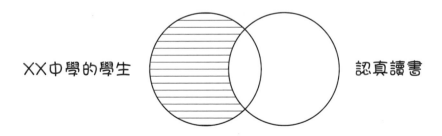

A句型：所有XX中學的學生都很認真讀書。

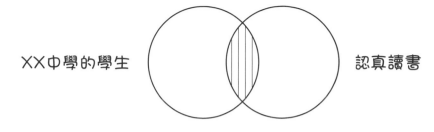

E句型：所有XX中學的學生都不認真讀書。

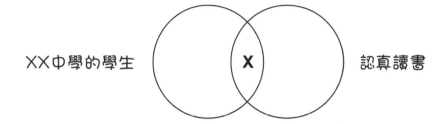

I句型：有些XX中學的學生很認真讀書。

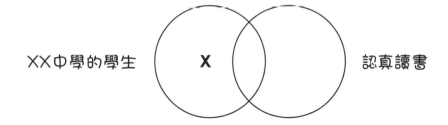

O句型：有些XX中學的學生不認真讀書。

說明：

圖示一、二的線條表示這個範圍是沒有東西的。

圖示三、四的X表示這個範圍有東西。

👓 用維恩圖檢視三段論

A、E、I、O四種句型描繪的是兩個語詞之間的關係，而我們知道每個三段論之中有三個語詞，包括大詞(P)、中詞(M)和小詞(S)，也就是說三段論是在描繪三個集合之間的關係，考慮論證「所有的哺乳類(M)都是動物(P)，所有的人(S)都是哺乳類(M)；所以，所有的人(S)都是動物(P)」，維恩圖如下：

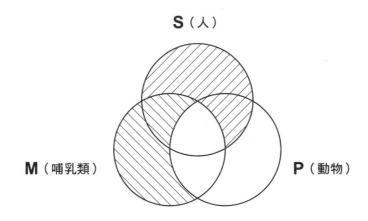

在這個論證中，小詞是「人」(S)，大詞是「動物」(P)，而「哺乳類」則是中詞(M)。我們根據論證所繪製的維恩圖，可發現結論已經出現在前提描繪的情況裡，表示前提蘊含結論。所以，這是一個有效論證。

如果把上述的論證稍微修改如下：「所有的哺乳類都是動物，所有的人都是動物；所以，所有的人都是哺乳類。」在這個論證中，小詞仍然是「人」(S)，但是大詞變成「哺乳類」(P)，而「動物」就成了中詞(M)。同樣的，我們將前提描繪的情況畫在圖形如下：

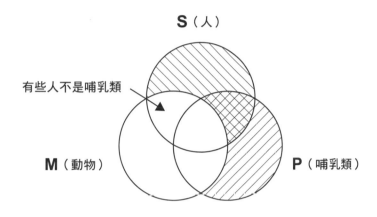

在這個圖形中，箭頭所指的位置顯示前提並未排除有些人不是哺乳類的可能性，但是結論要說的卻是「所有的人都是哺乳類」，因此前提所說的內容並不蘊涵結論。根據這個維恩圖顯示的結果，以上論證是一個無效論證。

再舉另一個例子來說：年滿18歲的人都具有投票權，有些學生年滿18歲；所以，有些學生具有投票權。此論證中，大詞（P）是具有投票權，學生是小詞（S），年滿18歲是中詞（M）。

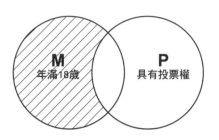

所有滿18歲的人都具有投票權，因此滿18歲沒有投票權的狀況不可能存在，故以線條表示。

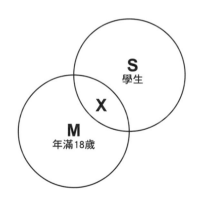

年滿18歲的不見得都是學生，因此「有些學生年滿18歲」，只能在S與M交集的部分畫X。

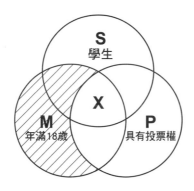

大前提：所有滿18歲的人都具有投票權

小前提：有些學生年滿18歲

綜合上述這兩個前提，「學生滿18歲而不具有投票權」的情況不會存在，故和S與M交集且未落在P裡面的部分，要以線條表示。

結論：有些學生具有投票權

三個集合重疊處，以X代表「有些學生具有投票權」，所以此為有效論證。

　　請用維恩圖畫出下列的論證，並分析其論證之正確與否？

1.所有動物都有腳，所有人都是動物；所以，所有人都有腳。

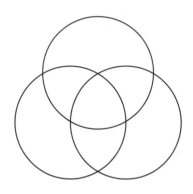

2.所有男人都是人，所有女人都是人；所以，有些男人是女人。

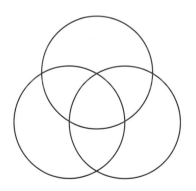

3. 所有的昆蟲都是動物，所有的動物都是生物；所以，所有昆蟲
   都是生物。

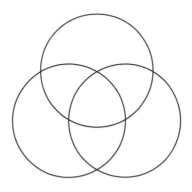

4. 所有鳥類都會飛，企鵝是鳥類；所以，企鵝會飛。

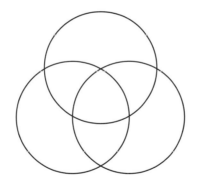

5. 所有人都不是石頭，所有石頭都是礦物；所以，所有人都不是礦物。

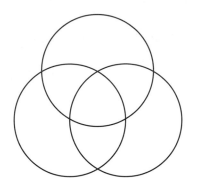

思維進化27堂課

用維恩圖來幫助思考

使用維恩圖畫出論證，分析論證是否正確，能幫助我們思考。有關上述題目解說如下。

1. 所有動物都有腳，所有人都是動物；所以，所有人都有腳。

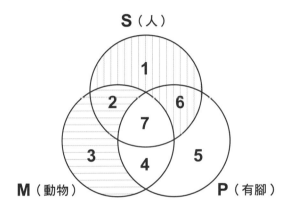

所有動物都有腳，表示2、3區塊要畫線條。所有人都是動物，表示1、6區塊要畫線條。而結論所有人都有腳要成立的話，表示1、2區塊要被畫線條，從前提圖示可以看到已經被畫線條，所以是有效論證。

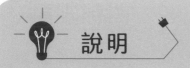
　　2. 所有男人都是人，所有女人都是人；所以，有些男人是女人。

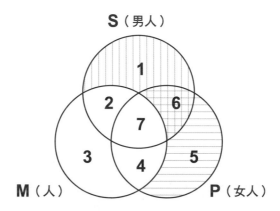

S（男人）

1

2　　6

7

3　　4　　5

M（人）　　　　　　　　P（女人）

　　所有男人都是人，表示1、6區塊要畫線條。所有的女人都是人，表示5、6區塊要畫線條。而結論有些男人是女人成立的話，表示在6或7區塊應該出現X符號，不過前提的圖示中6或7區塊並未出現X符號，所以是無效論證。

3. 所有的昆蟲都是動物，所有的動物都是生物；所以，所有昆蟲都是生物。

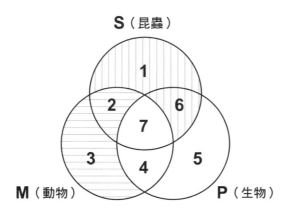

所有的昆蟲都是動物，表示1、6區塊要畫線條，所有的動物都是生物，表示2、3區塊要畫線條。而結論所有昆蟲都是生物成立的話，表示1、2區塊應該要被畫線條，從前提圖示可看到1、2區塊已經被畫線條，所以是有效論證。

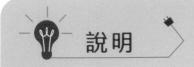

4. 所有鳥類都會飛，企鵝是鳥類；所以企鵝會飛。

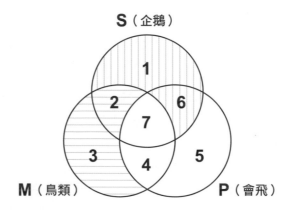

所有鳥類都會飛，表示2、3區塊要畫線條，企鵝是鳥類，表示1、6區塊要畫線條。而結論企鵝會飛成立的話，表示1、2區塊應該要被畫線條，從前提圖示可看到1、2區塊已經被畫線條，所以是有效論証。

5.所有人都不是石頭，所有石頭都是礦物；所以，所有人都不是礦物。

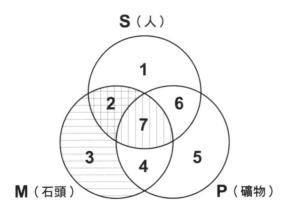

所有人都不是石頭，表示2、7區塊要畫線條，所有石頭都是礦物，表示2、3區塊要畫線條。而結論所有人都不是礦物成立的話，表示6、7區塊應該要被畫線條，但是前提圖示僅7區塊部分畫線條，所以是無效論證。

江湖在走，邏輯有沒有？

　　了解了論證的結構、論證的方式以及檢視論證是否正確的方法，讓我們的判斷力大大提升。以下的情境，請你試著進行三段論的論證推理並檢視其正確性。

　　學校的運動會快到了，為了贏得比賽，每個班都會把學校田徑隊隊員派上場，一同參加大隊接力比賽，小明心想：「班上有些田徑隊的隊員會參加大隊接力。」

請依據這個情境以「班上有些學生會參加大隊接力」為結論，進行(1)三段論論證(2)AEIO句型檢視(3)維恩圖檢視。

(1)此情境的三段論論證	(2)AEIO句型檢視

(3)維恩圖檢視

以「班上有些學生會參加大隊接力」 為結論之解答如下：

(1)此情境的三段論論證	(2)AEIO句型檢視
所有田徑隊隊員都要參加大隊接力	(O) MAP (X)
班上有些學生是田徑隊員	(X) SIM (X)
班上有些學生會參加大隊接力	(X) SIP (X)

(3)維恩圖檢視

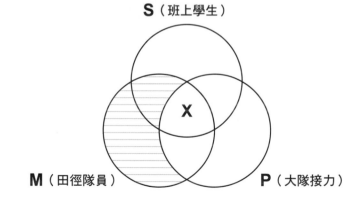

思維進化ing

　　生活中常聽到很多人喜歡講道理，但是這些道理真的有道理嗎？這就是本書第四部分要探討的邏輯推理。當我們和其他人有不同意見時，通常會各自找理由證明自己是對的，而這種列出理由，證明自己主張的形式就是論證。

　　許多人會以自己累積的經驗歸納出某些原理或原則，但偶爾會發生不適用的情況，這是歸納論證的特點，和歸納論證相對的就是演繹論證。好的論證應該具備兩個重要的關鍵因素，第一是此論證必須是有效論證，第二則是前提必須為真，這樣的論證才能稱為健全論證。有趣的是，大部分的人只注意其中一個因素就覺得自己很有道理，以致常出現不必要的爭論。

你心中有我嗎？

Lesson 22

都是為你好

智慧小劇場

已經考完學測了，玲玲妳想要申請什麼科系？

我爸媽要我申請財經科系，可是我想要念觀光休閒相關科系……

我的數學不好，不喜歡坐在銀行裡盯著數字，而且還可能會算錯錢！

他們說是為了我好，擔心我未來找不到工作……但是念觀光可以到處玩，還可以寫企劃、辦活動賺錢。

我媽還說她身體不好，要我聽她的話……

他們覺得自己為我付出了這麼多，而我卻不聽他們的話。

過了兩天……

玲玲，申請學校的事情妳想清楚了嗎？

昨天晚上我和爸媽為了申請學校的事大吵了一架。

可是照顧我、對我好，這些都是他們應該做的，不是嗎？

皓皓解說臺

情境中，親子間的對話遇到了哪些思考上的阻礙？

在我們的成長過程中，也許曾經出現類似上述的親子對話，尤其是在做重要抉擇的時候。然而在這些對話中，不難發現一些謬誤與刻板印象，也因此造成彼此思考上的阻礙，例如：父母出於對子女的關心，希望孩子能依照他們的建議選擇科系，這樣未來找工作較不用擔心。

在漫畫中，玲玲的媽媽用身體不好為理由，要求孩子聽話，如此一來，玲玲會有一種被強迫的感覺，不但無法感受到家人的關愛，也會因為不想聽從而停止對話。

玲玲也可能對於這兩個科系不了解或存在著刻板印象，認為財經科系畢業就是到銀行工作，銀行行員就是坐在辦公室盯著數字看，而觀光產業就是到處玩。然而，金融相關工作，也需要與人應對及分析表達等能力；旅遊相關工作則需具備歷史、地理及人文知識等，並非會玩就可以。

錯誤的認知，影響了自己對於科系的選擇，進而不願意傾聽父母關於金融相關科系的建議。如果雙方沒有意識到自己受到思考阻礙的影響，呈現思考上的限制，對於科系的選擇將很難進行有效的溝通。

👓 大人都很難溝通？

有時會聽到「小孩都講不聽」或「大人都很難溝通」的抱怨，親子間真正的問題出在哪裡呢？

親子間有時很難溝通的原因，其實是因為價值排序不同所造成的，就像情境中的玲玲是依據自己的偏好來決定科系，而家人是根據就業的現實狀況來考量，雙方對於生涯價值的排序並不相同，很難說誰對誰錯。

當彼此對於科系的認知與事實的掌握不盡相同時，通常都只會站在自己的立場表達想法，於是停留在各說各話的狀態，這就是一種價值觀的衝突，我們需要先理解彼此背後的理由，才能進行對話。

👓 如何化解親子對立？

如何讓孩子看見父母的好意？如何友善表達己見而不傷父母的心？除了理性思考外，更重要的是態度的轉變，先放下「我對你錯」的想法，聽看看對方在說些什麼，不要急於表達自己想法，才能達到真正的傾聽。

如此，孩子可以從母親的建議中，了解到財經相關科系在未

來職場具有哪些優勢，母親也能從孩子所介紹的觀光休閒相關科系中，知道孩子的興趣及生涯規畫，親子共同進行客觀事實的分析比較與討論，尋找適合的校系。

此外，也應避免情緒用語，例如：「我為你做這麼多，你還不聽話！」、「是你自己要做的，我又沒有要你做！」盡量使用事實性的描述來表達自己的需求，而非指責對方，以免彼此關係更加緊繃，造成對話過程中的不舒適感。面對這種情況，我們應該具體表達自己的感受及選擇理由，讓對方更理解自己的想法，方能進行良好的互動。

家人是我們最親密的人，有時候我們只是用直覺對話，卻忽略了彼此的感受，甚至造成誤會。若我們能學習正確思考的方法與態度，就能共創和諧的溝通氛圍。

🧠 燒腦時間

1. 你與家人的互動過程中，曾遇過哪些思考上的阻礙？

....

....

....

....

2. 家人會有「小孩都講不聽」或「大人都很難溝通」的抱怨嗎？
   你覺得真正的問題出在哪裡呢？

....

....

....

....

3. 你能找出化解家人對立，建立有效溝通的方法嗎？

....

....

....

....

小叮嚀：檢視思考的阻礙，理解價值衝突的理由，開展良好的親子對話空間。

Lesson 23

虧我把你當朋友

皓皓解說臺

　　FB或IG等社交軟體中所關注的人都叫做「好友」，這些網路上的「好友」是我們的「朋友」嗎？

　　我們不一定會將FB或IG上關注自己的所有人都稱做「好友」，因為我們對於關係的認定並不相同，對於「好友」或是「朋友」這個詞出現了歧義，有可能在網路上追蹤關注自己的人，是不認識且從未互動過的，這樣我們是否會把他稱為「朋友」甚至是「好友」？有人或許會將網友稱為「朋友」，但也有人不會，所以在此不妨想想，我會怎麼定義「朋友」？

　　像是小學時，我們可能認為朋友就是可以一起玩的人，但現在則可以參考亞里斯多德的說法，將朋友分成三種：一種是因為追求快樂感受而在一起的朋友；第二種是因為對方可以為你帶來好處才結交的朋友；第三種則是因為欣賞對方的品德內涵而成為朋友。

　　而我們對於「朋友」的看法，可能會隨著年紀、知識、經驗的增長而有所改變。

　　要特別多注意的是，我們和網友間的認識，可能只是

透過網路接收到資訊，但這些資訊卻是片面且被刻意選擇後的呈現，例如：照片常是照「騙」，無法直接面對面相處，是否會影響我們的判斷？可見網路的匿名性、非面對面的真實互動，讓我們無法完全的認識對方。

如何在時間、情感有限的條件下，好好經營真正看重的友誼關係，而非被眾多網友稀釋掉，需要我們審慎思考與選擇。

👓 我是你的好友嗎？

根據麻省理工學院社會科學研究員亞歷克斯·彭特蘭（Alex·Pentland）的研究指出，雙方的好友關係是對等的機率只有53%。但弔詭的是，認為對方是朋友的預期卻高達94%，這顯示人們對友誼的認知是有落差的。顯然在研究對象心中，友誼也很難被定義，難以回答「什麼是真正的友情？」

說起來，這個研究發現挺有意思的，或許我們可以想一想，為何人們會習慣高估自己的重要性，以為別人會將自己當成朋友？至於當我們發現和朋友之間的友誼認定有落差時，是否要繼續友誼關係，就會因為個人在意的核心價值而有不同的選擇，這

涉及到我們的人生觀與價值觀。與朋友交往是個動態歷程，會不斷修正、調整，如果看重「公平」，感受上就會產生較多的負面情緒，有可能因此會減少付出，但如果對方有很吸引人的內在特質，或仍具有某些面向的影響力，有人還是願意把對方當成好友。

👓 何謂「真正的朋友」？

這個問題關心的是如何辨別誰是「真正的朋友」？畢竟在人生有限的時間、情感負荷下，當我們對「朋友」的內涵、屬性思考得愈具體、明確，我們就更能認清誰才是自己真正在乎的朋友，值得花時間好好用心經營。

當然，如果希望交到「值得」結交的朋友，自己也要成為一個值得交心的人。想想看自己用哪些指標來認定誰才是「真正的朋友」時，也要嘗試用這些指標回頭檢視自己，或許這也可以做為自我努力的方向，向好友見賢思齊。

🧠 燒腦時間

1. 在FB或IG關注你的人是你的「好友」嗎？這些網路上的「好友」是你真正的「朋友」嗎？

_____

_____

_____

_____

2. 假如你認為的好朋友沒把你當成好友，你會有什麼感受？還會願意繼續付出嗎？

_____

_____

_____

_____

3. 你認為什麼是「真正的朋友」？你會用哪些指標來檢覈？

....

....

....

....

小叮嚀：學習用內涵與外延的概念，檢視什麼才是真正的朋友。

Lesson 24

不要就是不要

🎞 智慧小劇場

皓皓解說臺

　　現在的年代不同以往了，情侶在路上牽手擁抱好像不是新鮮事，小學生也可能寫紙條傳情，中學生更是花樣百出。說起來，我們在學校好像少有機會好好談談「戀愛」這回事，老師不會在課堂上特別談，同學之間好像只能從「青春戀愛虐心」的劇碼來窺探情感關係的經營之道。

　　於是問題來了，動漫或偶像劇裡談戀愛好像都在教我們「女生選高富帥，男生選傻白甜」，男生要主動、女生要矜持一點才是王道！

　　像這樣千年不變的偶像劇本，只根據生理性別就區分了雙方在戀愛中的特質與行為表現，會不會太單一了呢？會不會因此陷入一種二分的謬誤？

　　想想在真正的關係中，需要關注與理解的究竟是劇中虛擬的刻板角色，還是我們眼前真實的人呢？

👓 窮追不捨可以嗎？

關於漫畫中「精誠所至，金石為開」、「不要就是要」的說法，對於雙方的關係有什麼影響？

「精誠所至，金石為開」原意是指只要專心誠意去做，什麼疑難問題都能解決，但情感中的雙方都是「人」，都有自己的好惡，對情欲的需求與抉擇也只有自己最清楚，「喜歡誰」與「誰很專心誠意」是兩回事，在對方無意的狀態下，「堅持不懈」可能演變成令對方困擾的「過度追求」。

至於「不要就是要」的說法，為什麼多半是男生（當然也有部分女生）會這樣想？是不是因為這個社會對於男生、女生的行為模式與需求其實有不同的期待？在傳統社會結構中，男生被期待「大方主動」，而女生則要「乖巧害羞」，所以才會出現許多「霸道總裁系列」的少女漫畫，裡面充斥著根深蒂固的性別互動規則：「矜持點才是好女人」、「女生被高富帥的男主角喜歡是賺到」、「女生太有主見，小心以後嫁不出去」等這些說法，讓大家對男女印象產生誤判，僅憑個人有限的經驗或傳統的認知，就貿然對某種性別或親密關係的經營做出判斷，久了甚至產生偏見，無助於彼此的理解與溝通。所以說，在談戀愛時，可得認真思考各種說法的真實性，以免成為刻板印象的受害者！

👓 告白被拒絕，該如何面對？

　　有很多人認為，在告白中被拒絕是很丟臉的事，這又是另一種迷思——愛或不愛本就無法強求，有時候是「還沒有感覺」，有時候可能「真的沒有感覺」，有時候是「適不適合」的問題。總之，這不是面子的問題，也許只是還沒有找到適合的那個人。如果貿然將「愛或不愛」與自己的能力、自尊做了錯誤的聯結，有可能會讓自己陷入無謂的悲傷與憤怒，造成對方的困擾。

　　被拒絕的人可以試著去理解並尊重對方，也接納自己的失望，必要時還能尋求資源的協助，自己憋著胡思亂想或頻出怪招，反而讓彼此連朋友都做不成；而拒絕別人的人也可以感謝對方的心意，畢竟欣賞或被欣賞都是生命中美好的經驗，這樣美麗的過程值得感謝與珍藏。

🧠 燒腦時間

1. 有人說談戀愛「女生選高富帥，男生選傻白甜」，你會如何看待這樣的說法？

....

....

....

2. 關於漫畫中「精誠所至，金石為開」、「不要就是要」的說法，你的看法是什麼？

....

....

....

3. 告白之後被拒絕，你會以什麼心態面對？

....

....

....

小叮嚀：澄清愛情中的刻板印象與迷思，才得以建立真實的關係。

Lesson 25
你我他牠它

🎞 智慧小劇場

事實具有可驗證性，不同人用合理的方式得到相似的結果，較能接近事實。而語句中含有具比較性的字眼時，常常不是表達事實，而是表達觀點。「黑冠麻鷺走路很慢」和「人靠近黑冠麻鷺時，牠的行走速度是每秒1公尺；無人干擾時，牠踱步時速度每秒不到1公尺」，前者「很慢」具有比較性，後者「行走速度每秒1公尺」可被檢驗。

你了解黑冠麻鷺嗎？

當人們未覺察自己使用的名稱隱含對生物的刻板印象或偏見時，往往會影響自己對待牠們的方式。

被路殺（非自然因素在道路或路旁死亡）的哺乳動物和爬行動物，所引發的悲憫和保育行動常常天差地遠。

「冷酷」校園生物殺手或「憨直」大笨鳥的代稱，也可能左右我們對黑冠麻鷺的真正認識。

👓 黑冠麻鷺真的是新校園殺手嗎？

要建立「黑冠麻鷺是新校園殺手」的論證，你認為需要哪些前提和資訊？請思考以下的演繹論證：

如果黑冠麻鷺是新校園殺手，那麼校園其他生物的數量會減少。

校園中的蚯蚓變少了。

所以，黑冠麻鷺是校園殺手。

你覺得這是有效論證嗎？

首先，在「校園中的蚯蚓變少了」的情況下，並不能直接推論「黑冠麻鷺是新校園殺手」成立。因為蚯蚓變少可能是其他原因造成的。再者，「蚯蚓變少」是否成立，依據的是對蚯蚓的基本調查。

可以想想這些問題：調查資料的取得方式是取樣觀察還是普遍調查？調查時間的長短、季節性、重複性？調查方式是否合乎生態研究的基本規範？上述研究設計是前提能否建立的重要資訊。同樣的，認為「黑冠麻鷺增加對生態造成的擾動，尚在生態可忍受的範圍內，所以，會達到新的生態平衡。」的說法也一樣需要檢視。

當研究對象只著重在單一物種時，往往會忽略與其他生物及

環境因子之間的交互作用。合乎邏輯的方法才能有正確的事實描述，有正確的事實描述才能有合理的價值判斷，有合理的價值判斷才能有好的行為方案。

生物的互動相當複雜，黑冠麻鷺被人類活動影響，從原生地進駐都市綠地，在天擇、人擇的壓力下，牠和都市中其他生物（包含人類）有可能建立新的互動關係。然而，人們對黑冠麻鷺的「觀點」若不是建立在「事實」上，那麼對於牠是「稀有留鳥」還是「校園生物殺手」，所採取的措施會迥然不同，這些措施除了影響黑冠麻鷺外，更會牽一髮而動全身，影響整個生態系的物種結構。

生物多樣性的建立和演化息息相關，演化是長時間的歷程，因此生物多樣性需要長時間的累積。然而，珍貴的生物多樣性可輕易毀於一旦，如「達爾文的夢幻池塘」——非洲的維多利亞湖，引入尼羅河鱸魚這個掠食者後，滅絕了超過200種以上的原生魚類，瓦解了當地的食物網。

唯有認知生物多樣性中每種生物都有其獨特、無法取代的生態區位（Niche），我們才能與其他生物共融於共處環境中。

🧠 燒腦時間

1.你觀察過黑冠麻鷺嗎？請說一說你的觀察。

....

....

....

....

2.你曾以「大笨鳥」來稱呼黑冠麻鷺嗎？為什麼？

....

....

....

....

3.有關「黑冠麻鷺是新校園殺手」的說法，你認同嗎？為什麼？

....

....

....

....

補充說明

　　紅棕色的體羽，頭上有黑色冠羽，常佇立不動，偶爾脖子一伸一縮，看似笨重的姿態，讓牠以「大笨鳥」的名號行走在校園、公園中。別看牠笨笨的，牠在捕食時，可靈巧呢！黑色鳥喙冷不防的戳進土壤，蚯蚓瞬間被叼出，頭甩幾回，蚯蚓便消失在喉間。

　　大笨鳥就是黑冠麻鷺（*Gorsachius melanolophus*），過去是稀有留鳥，但近年來被目擊的次數明顯增加。有學者認為，可能是黑冠麻鷺原有的棲地被干擾，迫使牠們往都市綠地移動。公園、校園的綠地能讓黑冠麻鷺有機會喘息、覓食、育雛，但同時也充斥著重重危機，牠們低飛或步行時可能撞到建築物，或被車輛輾過，犬、貓也可能攻擊牠們。

　　黑冠麻鷺棲地改變也影響其他生物，有人指出黑冠麻鷺掠食蚯蚓使其數量變少，是「新校園生物殺手」。也有人認為，黑冠麻鷺數量雖增加，但會達成新的生態平衡。蚯蚓數量改變，也受人類影響，如不透水鋪面等。

照片提供：沈怡汝

小叮嚀：釐清是事實還是觀點，才能正確表達概念。

Lesson 26

正義的天平

🎬 智慧小劇場

臺北車站大廳有好多東南亞的移工，感覺好熱鬧喔！

疑？他們怎麼都坐在地上？而且都還用手抓食物吃，真的沒水準又不衛生耶！

對啊，他們就直接坐在車站內，不僅有礙觀瞻，還妨礙了我們的行走空間；而且他們真的好吵喔！我們快點離開吧！

你們很誇張耶，那也許是人家的風俗文化呀！幹嘛用我們自己的標準去審視別人啊！

據我所知，這些移工來自臺灣各地，北車是交通樞紐，當然是他們集會的首選啦！

而且啊～

我們也沒有提供什麼交通便捷的地方讓他們聚會，這點我們也要同理一下人生地不熟的移工吧！你想，我們如果到一個陌生的城市去找朋友，也都會約在車站碰面啊！

皓皓解說臺

　　漫畫中，范范所說出來的話，字字都是傷人的利刃。我們需要反思：是不是因為在生活中，聽過一些外籍移工負面的事情，就把這些個案類推到所有的移工身上呢？是不是因為常看到從事高度勞力的移工總是滿身髒汙，隨性坐在地上，所以我們就以為移工「都是」不愛乾淨的呢？

　　其次，我們對於東南亞的飲食文化不夠瞭解，就用自己的文化視野去看待移工，於是對於「用手吃飯」這樣的行為，就帶有偏見。同時，我們對於臺灣引進國外勞動力的背景與政策也不夠清楚，才會誤以為這些移工是來搶本土勞工的飯碗。

　　我們在面對任何事情時，都不應輕易的妄下判斷，要先客觀的掌握事實全貌，同時要能對自身的局限，如自己的世界觀、刻板印象或偏見等保持自我省察，才能做出正確的判斷。

👓 為何對東南亞移工有偏見？

1.結構面的偏見

　　早期政府為了補充本國勞動人口，因此大量從東南亞引進移工，而當時官方都是以「外勞」來稱呼這些移工。這些移工的人力成本低廉，且大多從事國人不太願意從事的高勞動力工作，因此大多臺灣民眾會以高人一等的態度來看待東南亞移工。

2.文化視野狹隘

　　臺灣在教育上長期受到西方的文化觀點影響，也有不少人是從歐美留學歸國，並在各行各業中成為領導者，這些菁英對於臺灣文化有一定程度的影響，導致大多數的人會覺得歐美國家是先進的代表，因此對於歐美人士總會投以景仰的眼光來看待。相較之下，臺灣人對於東南亞的文化就十分不熟悉，加上當臺灣經濟發展起飛後，在「臺灣錢淹腳目」的情況下，許多人比較看重日本、韓國、新加坡等富裕國家，輕忽經濟發展相對落後的東南亞國家。

3.媒體推波助瀾

　　早期媒體多半報導有關東南亞移工的負面新聞，像是逃跑、賣淫、非法打工等，遂將東南亞的國家形塑成貧窮、落後的形象，加上早期婚姻仲介大多媒介東南亞女性來臺結婚，不少媒體

就質疑這樣的跨國婚姻是「假結婚，真打工」，因而強化我們對於東南亞移工的「偏見」。

👓 如何防止歧視行為？

偏見經常是在互動中不自覺的發生，因此，自己必須要有意識的檢視自己的態度，才能有效的覺察偏見，防止歧視行為。而「自我覺察」是需要練習的，同時應該將每個人都當成是獨立的個體，覺察每一個人的獨特性，這才是真正的「尊重」。最後，我們在生活中要學習「換位思考」，關照他人的感受、推己及人，讓人我關係更加和諧。

🧠 燒腦時間

1. 你覺得范范說的話有哪些問題？

....

....

....

....

2. 為何我們會把「移工」、「外勞」等詞彙貼上負面標籤？

....

....

....

....

3.你曾有對他人產生偏見或歧視行為，而使對方受到傷害的情事嗎？請說一說。

....

....

....

....

小叮嚀：運用後設思考，覺察偏見與歧視，才能真正理解他人。

Lesson 27

穿越真實的虛擬

🎬 智慧小劇場

有靈異巴士！
沒有司機還會動！

妳不知道這是
「自駕車」嗎？

哇！聽起來好酷喔！
可是為什麼要發明自
駕車呢？

根據聯合國統計，
每年約有5千萬人因車禍
而受傷，為了減少人為禍
因及行車安全，便有了無
人駕駛的願景。

可是我看過一則新聞，內容報
導美國一輛Uber的自動駕駛實
驗車，撞到一位牽著腳踏車、
要穿越馬路的行人。這也是全
球首宗自駕車致死的案件。

結果呢？

經過調查後，認為是因自駕車
將行人判定為未知物體，自行
判斷為不閃開，而釀下的大
禍。

這樣聽起來，自駕車
也不一定很安全耶！

皓皓解說臺

　　智慧交通系統（Intelligent Transportation System, ITS）走入現代人的生活之後，提供了許多好處，以自駕車來說，有疏解交通壅塞、去除人為疏失、降低無效率等優點。

　　雖然自駕車的技術突飛猛進，但是在法規、理念和道德的層面上，也產生了許多讓人深思的問題，畢竟與技術相比，道德和倫理更關乎駕駛、行人的生與死。

　　所謂自駕技術，沒有表面想的那麼簡單，不只是整合各式偵測器和即時的高精地圖以便能看到周遭的障礙物，更重要的是下一秒鐘的行駛決策（driving policy，自駕車依據在不同場域的行駛能力，給予適當的決策）。

　　倘若自駕系統能比人類造成更少的事故，自駕系統將成為一種道德責任，於是德國政府幾年前推出首套道德倫理標準，讓自駕車針對事故場景作出優先級的判斷。

👓 自駕車該如何設定？

當我們決定讓車子自動駕駛時，就等於把決策權交給程式，而程式是由人所撰寫、設計的，如果遇到兩難的問題，例如：電車難題（Trolley Problems）時，自駕車就會依照程式指令，做出判斷。不過，遇到兩難時，自駕車當下能做最好的決定嗎？程式設計師或決策者的思維是否周延呢？這些目前都還沒有一個絕對的答案。

我們以德國擬定自駕車的倫理原則為例，其中提到「相比對動物或財產造成的傷害，系統必須最優先考慮人類安全」，假定自駕車遇到前方有掉落物，需轉向以維護駕駛人的安全，但轉向處有嬰兒車，這個參數又該如何設定才合理呢？

假如我們以「禁止任何基於年齡、性別、種族、身體特徵或其它區別的歧視」當作準則，那麼當自駕車遇到緊急事故——左側是不戴安全帽的騎士，右側則是有戴安全帽的騎士，而自駕車設定採傷害最小原則，選擇撞有戴安全帽的騎士，對於這樣的行駛決策，你有什麼樣的想法呢？

👓 如何面對人工智慧的發展？

我們認為科技是依據客觀數據，且不受感官限制或是情緒干擾，所以會去期待科技解決各種問題。然而，事實是我們無法將千奇百變的情境全部化成參數，設計出完善的方案。比方說，損傷都可以量化嗎？就像「哈德遜河上的奇蹟」（Miracle on the Hudson）班機事件，當時能夠安全迫降，並非依靠機上所提供數據的參照來決定，而是仰賴機長四十年的飛行經驗，在那短短幾秒鐘內解決危機。可見人類不能完全依賴程式，必須適度掌握控制權。

思考科技發展可能引發的各種狀況與困境，是要停下來呢？還是要繼續往前呢？我們希望科技的發展能讓生活變得更好，卻又產生新的問題，對此，我們真的能不謹慎思考嗎？

🧠 燒腦時間

1.你覺得自駕車的發展，真的能提升交通安全嗎？

....

....

....

....

2.關於自駕車的設定，你覺得有哪些是我們需要留意的問題呢？

....

....

....

....

3. 面對人工智慧的發展，你覺得該抱持怎樣的態度呢？

....

....

....

....

小叮嚀：人啊！請不要放棄思考！

國家圖書館出版品預行編目資料

思維進化27堂課：思考:智慧的啟航/翁育玲主編. -- 初版.
　-- 臺北市：幼獅文化事業股份有限公司, 2022.05
　　面；　公分. --(生活館；005)

　　ISBN 978-986-449-260-2(平裝)

　　1.CST: 思考 2.CST: 思維方法

176.4　　　　　　　　　　　　　　　111003378

・生活館005・

思維進化27堂課　思考：智慧的啟航

策　　　　畫＝國立臺灣大學生命教育研發育成中心
　　　　　　社團法人台灣生命教育學會
召 集 人＝傅皓政
主　　　編＝翁育玲
封面繪者＝蔡豫寧
內文繪者＝茶茶
出 版 者＝幼獅文化事業股份有限公司
發 行 人＝李鍾桂
總 經 理＝王華金
總 編 輯＝林碧琪
主　　　編＝沈怡汝
編　　　輯＝張家瑋
美術編輯＝李祥銘
總 公 司＝10045臺北市重慶南路1段66-1號3樓
電　　　話＝(02)2311-2832
傳　　　真＝(02)2311-5368
郵政劃撥＝00033368

印　　　刷＝崇寶彩藝印刷股份有限公司　　幼獅樂讀網
定　　　價＝320元　　　　　　　　　　　http://www.youth.com.tw
港　　　幣＝107元　　　　　　　　　　　幼獅購物網
初　　　版＝2022.05　　　　　　　　　　http://shopping.youth.com.tw
書　　　號＝954224　　　　　　　　　　 e-mail:customer@youth.com.tw